Dieter Sommer

Lehrer-Soforthilfe: Meine Resilienz stärken

Der individuelle Ratgeber zum Ausfüllen

AOL verlag

Bildverzeichnis

S. 9 Affe © pusteflower9024 – Fotolia.com (#198470897); S. 10 Wolf © andamanec – Fotolia.com (#99083777); S. 24 Läuferin © einstein – Fotolia.com (#12280440); S. 25 Tetris © radachynskyi – Fotolia.com (#133436291); S. 35 Achterbahn © cybelus – Fotolia.com (#7337947); S. 37 Finger © Victoria M – Fotolia.com (#170674592); S. 41 Rafting © VILevi – Fotolia.com (#38614484); S. 42 Hürdenlauf © Shariff Che'Lah – Fotolia.com (#21132626); S. 48 Daumen hoch © Robert Kneschke – Fotolia.com (#11336236); S. 51 Kompass © lotus_studio – Fotolia.com (#80242821); S. 60 Sportlerin © kieferpix – Fotolia.com (#133842643); S. 63 Wandern © Andreas P – Fotolia.com (#58433614); S. 65 Pausenbrot © somenski – Fotolia.com (#20390683); S. 67 Paris © Fotolia.com (#116808503); S. 69 Atmen © detailblick-foto – Fotolia.com (#60763569); S. 75 Braunbär © lochstampfer – Fotolia.com (#28435083); S. 76 Ameise © Lawrence G Photos – Fotolia.com (#169189102)

Impressum

Lehrer-Soforthilfe: Meine Resilienz stärken

Dieter Sommer hat in Köln Sport und BWL studiert. Seit 1989 arbeitet er im Betrieblichen Gesundheitsmanagement (alle Branchen). Seit 2001 hat er bundesweit über 60 Schulprojekte zur Lehrergesundheit begleitet – meistens mit dem Schwerpunkt „psychische Gesundheit".

1. Auflage 2018

Veritaskai 3 · 21079 Hamburg
Fon (040) 32 50 83-060
Fax (040) 32 50 83-050
info@aol-verlag.de · www.aol-verlag.de

Redaktion: Clara-Sophie Vogel
Layout/Satz: Satzpunkt Ursula Ewert GmbH, Bayreuth
Illustrationen: Susanne Voigt, Köln
Coverfoto: Lachende Lehrerin © contrastwerkstatt – Fotolia.com (#168728187)

ISBN: 978-3-403-10564-0

Engagiert unterrichten. Begeistert lernen.

AOL verlag

Inhaltsverzeichis

Einleitung: Die Arbeit mit diesem Buch

Die Schule als Arbeitsplatz fordert Lehrkräften heute immer vielfältigere und komplexere Aufgaben ab. Lehrer[1] manövrieren zwischen Problemschülern und Helikoptereltern hindurch, herum um die nächste AG und hinein in die Schul-PR. Und wahrscheinlich erkennen Sie sich in dieser Schilderung wieder – oder warum sonst haben Sie nach diesem Buch gegriffen?

Sie fragen sich, wie manche Lehrer es schaffen, trotz aller schwierigen Rahmenbedingungen und Belastungen einen kühlen Kopf zu bewahren und den Spaß an der Arbeit nicht zu verlieren. Was ist ihr Geheimnis?

Ich verrate Ihnen: Ob Sie das auch schaffen, liegt in Ihrer Hand. Denn das vorliegende Buch liefert Ihnen ein Programm, das sie auf dem Weg zu einem freudvollen Schulalltag begleitet.

Das Zauberwort lautet „Resilienz“. Damit ist die psychische Widerstandsfähigkeit gemeint. Es zeigt sich immer wieder, dass Menschen sich besonders für Resilienz interessieren, weil sie sich dem pausenlosen Stress nicht mehr gewachsen fühlen. Und auch wenn eine gute Stressbewältigung allein noch keine Garantie für eine starke Resilienz bietet, so ist sie doch die praktische Voraussetzung dafür, innere Balance zu erlangen.

Deshalb befasst sich dieser Ratgeber nach einer theoretischen Einleitung zum Konzept der Resilienz auch sofort mit dem großen Block der Stressbewältigung. Danach werden noch sechs weitere wichtige Faktoren der psychischen Widerstandsfähigkeit nacheinander vorgestellt. Sie alle werden durch eine Vielzahl praktischer Übungen greifbar gemacht und vertieft. Denn über Resilienz ist schon viel geschrieben worden, spannend für Sie ist aber vor allem die Frage: Wie entwickle und trainiere ich meine eigenen Resilienzfaktoren?

Ich selbst wollte eigentlich auch Lehrer werden. Mein Leben hat sich jedoch schon frühzeitig anders entwickelt und ich habe mich auf das Thema Gesundheit spezialisiert. Meine Dissertation habe ich über er-

[1] Hinweis: Der besseren Lesbarkeit halber sprechen wir meist nur von Lehrern, Schülern usw. Natürlich meinen wir damit auch die Lehrerinnen, Schülerinnen usw.

lernte Hilflosigkeit und Selbsthilfefähigkeit verfasst – heute würde man Resilienzentwicklung dazu sagen.
Seit 1989 begleite ich Betriebe aller Branchen dabei, ein eigenes Gesundheitsmanagement für die Mitarbeiter zu entwickeln. Seit dem PISA-Schock 2001 habe ich auch etwa 60 Schulen auf dem Weg zu einer „gesunden Schule“ begleitet. In der ersten Zeit ging es vor allem um gesunde Schüler. In den letzten Jahren steht fast ausschließlich die Gesundheit der Lehrerkollegien im Mittelpunkt und das heißt in der Praxis immer: die psychische Gesundheit.
In den letzten Jahren habe ich mit Lehrerkollegien eine große Zahl von Resilienztrainings durchgeführt. Die Auswahl der praktischen Übungen in diesem Buch ist also in einer Vielzahl von Schulungen mit Lehrern entstanden. Es handelt sich überwiegend um Reflexionsübungen, mit denen Sie die Gewohnheiten des eigenen Denkens und der eigenen Stressbewältigung besser kennenlernen können. Daher gibt es natürlich auch keine richtigen oder falschen Lösungen. Seien Sie bei den Antworten vor allem ehrlich zu sich selbst – das ist schwer genug. Unter vielen Reflexionsübungen finden Sie außerdem kleine Ausmalbilder, mit denen Sie sich zur Entspannung befassen können.
Durch die Notizen und das Ausfüllen direkt auf den Seiten dieses Buches entsteht Ihr ganz persönliches Resilienzbuch. Wahrscheinlich werden Sie es in guten und entspannten Zeiten, beispielsweise in Ihren Ferien, bearbeiten. Es lohnt sich aber, gerade in schwierigen und hochverdichteten Arbeitsphasen immer wieder hineinzuschauen und durch einfaches Durchblättern die Reflexionen, die Entlastungs- und Problemlösungsstrategien erneut zu entdecken. Machen Sie sich die eigenen Stärken und Gesundheitsressourcen bewusst. Nur mit ihnen können Sie den anstrengenden Schulalltag dauerhaft gesund und vor allem mit Freude und Gelassenheit bewältigen[2]. Viel Spaß beim Lesen und Trainieren!

Dr. Dieter Sommer

[2] Eine gute Ergänzung zu diesem Trainingsbuch bietet mein Ratgeber: Sommer, D.: Schulstress, lass nach! Die psychische Widerstandsfähigkeit stärken – als Lehrer gesund und gelassen bleiben. Hamburg: AOL-Verlag 2016.

1. Was ist eigentlich Resilienz?

Mit Resilienz ist die psychische Widerstandsfähigkeit gemeint. Die Anforderungen des Alltags, die positiven und negativen Erfahrungen können zu Glück, Gesundheit, Entwicklung, innerer Stärke und ganz bewussten Veränderungen im Leben führen – aber auch zu Verzweiflung und Depression. Eine überschaubare Zahl von Faktoren bewirkt, ob das eine oder das andere eintritt. Es gibt die Menschen, die schon an kleinen Herausforderungen verzweifeln, und es gibt die, die selbst aus großen Krisen gestärkt hervorgehen. Jedem dieser Resilienzfaktoren ist in diesem Buch ein Kapitel gewidmet. So können Sie sich Ihre Resilienz Schritt für Schritt erarbeiten, denn sie alle können erlernt und trainiert werden.

Zur Resilienz gehört vor allem eine positive Grundhaltung. Die Frage „Was hält uns gesund?“ ist viel wichtiger als die Frage „Was macht uns krank?“. Auch in eine Opferrolle zu verfallen, bedroht die eigene Resilienz immer wieder. Sicherlich gibt es viele Verursacher, die an der schwierigen Arbeitssituation in der Schule schuld sind (die Bildungspolitik, die Schulaufsicht, die Schulleitung, die Kollegen, die Eltern, die Schüler), aber eigentlich ist die Frage, wer Schuld hat, ziemlich langweilig. Viel entscheidender ist die Frage, wer die Konsequenzen tragen muss – und das ist leider selten der Schuldige.

Die Resilienzfaktoren haben auch viel mit der Natur des Menschen zu tun. Eigentlich sind Körper und Psyche für das Leben in der freien Natur gemacht. Das bedeutet sozialen Zusammenhalt in kleinen und überschaubaren Gruppen, viel Bewegung und ein eher knappes Nahrungsangebot. Es bedeutet aber auch wenig Lärm und nur gelegentliche Stresssituationen. Das Jagen und Sammeln liegt dem Menschen mehr als die Unterrichtssituation im Klassenraum oder die langatmige Lehrerkonferenz.

Die bekannteste Figur der Weltliteratur, die Resilienz ausstrahlt, ist Pippi Langstrumpf. Sie sieht das Leben uneingeschränkt positiv, kommt auch alleine sehr gut zurecht, nimmt die Dinge wie sie sind und ist körperlich gesund und stark. Nur am Rande sei hier der Hinweis gegeben, dass Pippi Langstrumpf nicht zur Schule geht!

Im Folgenden geht es immer wieder darum, die eigene Haltung und die eigene Arbeitssituation zu reflektieren – und Lösungen für eine größere Widerstandsfähigkeit der Psyche zu finden.

Literaturtipp
Sommer, D. / Kuhn, D. / Milletat, A. / Blaschka, A. / Redetzky, C.: Resilienz am Arbeitsplatz. Frankfurt a. M.: Mabuse-Verlag 2014.

2. Stress bewältigen

Und was ist Stress?

Stress ist vor allem eine Alltagserfahrung. Ein Leben ohne Stress ist enorm langweilig und ungesund. Menschen, die keinen Stress erleben (weil sie zum Beispiel arbeiten möchten, aber nicht arbeiten können), sind viel häufiger krank als Menschen, die viel beschäftigt sind. Die größte Gemeinheit im Arbeitsleben ist daher auch nicht, einen Menschen zu überfordern, sondern ihm dauerhaft keine sinnvollen Aufgaben zu geben.

Das Belastungsempfinden entsteht vor allem durch eine Fehlbelastung, deren Ursache sowohl Über- als auch Unterforderung sein kann. Allerdings kann sich auch eine einseitige Beanspruchung (zum Beispiel ganztägiges Telefonieren im Callcenter oder dauerhaft hohe Konzentrationsanforderungen bei Überwachungstätigkeiten) ungünstig auf das Belastungsempfinden auswirken. Glücklicherweise bietet der Lehrerberuf aber viel Abwechslung.

Stress ist also nicht nur mit Anstrengung gleichzusetzen, sondern kann sehr anregend sein. Er ist die Reaktion des Körpers auf Anforderungen von außen und wird sehr individuell erlebt. Derselbe Stressreiz bleibt bei einem Menschen völlig folgenlos, während er den anderen Menschen in helle Aufregung versetzt. Aber warum ist das so – und warum haben wir solche Schwierigkeiten mit diesem Phänomen?

Letztlich haben uns die Stressreaktionen des Körpers und der Psyche in der Steinzeit das Überleben gesichert. Stress in der Steinzeit bedeutete: Gefahr durch ein Raubtier. Es kam nicht sehr oft vorbei, aber wenn es sich von hinten anschlich, dann gab es nur zwei Möglichkeiten: Flucht oder Angriff. Und diese Entscheidung musste blitzschnell getroffen werden!

Auf diese Situation ist der Mensch hervorragend vorbereitet. Wir werden sofort aufmerksam, aber auch unruhig und aggressiv. Unser Körper setzt in Sekundenschnelle seine Energiereserven frei und Puls, Blutdruck und Blutzuckerspiegel steigen an. Und wir entwickeln einen Tunnelblick: Wie die Menschen der Steinzeit sehen wir nicht mehr den blauen Himmel und die bunten Blumen, sondern nur noch die Gefahr, das sinnbildliche Raubtier – denn alles andere ist in diesem Moment unwichtig!

Daher reagieren wir auch besonders empfindlich auf Lärmbelastungen. Die Raubtiere haben wir über unser Gehör wahrgenommen. Das Rascheln im Gebüsch war ein überlebenswichtiges Alarmsignal und laute Geräusche besonders bedrohlich. Deshalb können wir noch heute zwar die Augen schließen, nicht aber die Ohren einwickeln.

Unsere Welt hat sich zwar sehr verändert und die Gegenwart kennt andere Stressoren – Kollegen, Eltern, Schüler, andere Verkehrsteilnehmer und manchmal auch die lieben Nachbarn –, den Impuls, anstrengenden Menschen mit Flucht oder Angriff zu begegnen, spüren wir aber noch immer in uns. Biologisch wäre es auch in Ordnung, diesem Impuls nachzugeben und in einem schwierigen Elterngespräch einmal handgreiflich zu werden oder zumindest um das Schulgelände zu sprinten. Das würde uns entlasten. Fluchthandlungen und noch weniger körperliche Angriffe werden aber heute sozial nicht mehr akzeptiert. Deshalb haben wir unsere Stressreaktionen kultiviert und leben ganz gut damit – den gesellschaftlichen Konfliktaufwand halten wir einigermaßen gering.

Letztlich ist Stress auch in hohem Maße ansteckend. Der erste Kollege, der morgens im Lehrerzimmer ein zu hohes Stressniveau ausstrahlt, nimmt die anderen mit. Evolutionsgeschichtlich völlig verständlich: Das Raubtier, das der eine wahrnimmt, bedroht die ganze Gruppe. Einem angespannten Arbeitsklima kann sich daher kaum jemand entziehen.

Wenn Stress aber unvermeidbar und ansteckend ist und es gesellschaftlich nicht erlaubt ist, unseren natürlichen Reflexen nachzugeben: Wo sollen wir hin mit dem Stress und der Energie, die unser Körper freisetzt?

Wichtig ist daher, den richtigen Umgang mit Stress zu erlernen. Dafür brauchen Sie drei Strategien: **Erstens** geht es darum, zu viel Stress zu vermeiden oder noch besser gesagt, jeden Tag die richtige Dosis an Stress zu erleben und vielleicht sogar zu genießen. Ist es doch wieder ein bisschen viel Stress geworden, dann geht es **zweitens** darum, den Stress zu bewältigen. Gelingt auch das nicht vollständig (was im Schulalltag meistens der Fall ist), dann wird der **dritte** Aspekt, die Erholung, besonders wichtig.

Im Folgenden geht es nun für Sie darum herauszufinden, wie Sie Stress erleben und bewältigen können. Dabei müssen Sie auch lernen, typische Fallen zu erkennen, die immer wieder für eine zu hohe Stressbelastung verantwortlich sind.

Literaturtipp
Vester, F.: Phänomen Stress. 19. Aufl., München: dtv 1998.

Reflexionsübung: Stress, Teil 1

Zeichnen Sie den Begriff „Stress"!

Zeichnen Sie alles, was Ihnen zu diesem Begriff einfällt, mit bunten Stiften auf diese freie Seite – auch wenn Sie wie die meisten Menschen davon überzeugt sind, dass sie nicht malen können.

Hinweise zur Auswertung Ihrer Zeichnung finden Sie auf Seite 89.

Reflexionsübung: Stress, Teil 2

Ich gerate in Stress, wenn:

Notieren Sie nun typische Situationen aus ihrem beruflichen und privaten Alltag, in denen es immer wieder zu Stress kommt!

Hinweise zur Auswertung finden Sie auf Seite 89.

Reflexionsübung: Stress, Teil 3

Woran merken Sie bei sich selbst, dass Sie gestresst sind?

Notieren Sie einige typische Reaktionen (zum Beispiel Nackenverspannungen), die Sie bei überhöhten Stressbelastungen zeigen!

....

....

....

....

....

....

....

....

....

....

....

....

....

....

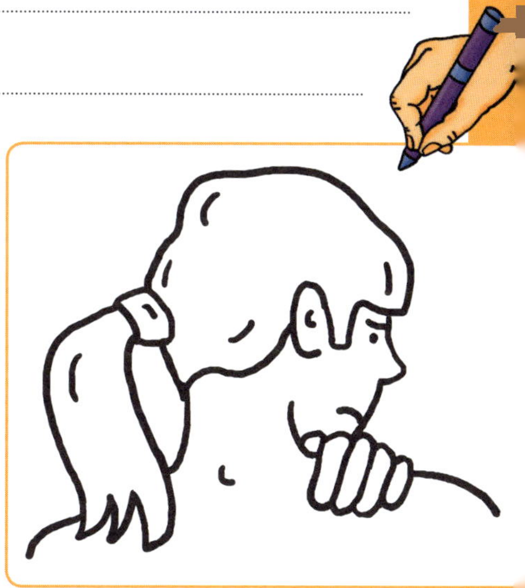

Hinweise zur Auswertung finden Sie auf Seite 90.

Reflexionsübung: Stress, Teil 4

Woran merken Sie bei anderen Menschen, dass diese gestresst sind?

Notieren Sie einige typische Erscheinungen, an denen Sie bei anderen Menschen ein erhöhtes Stressniveau festmachen!

....

....

....

....

....

....

....

....

....

....

....

....

....

....

Hinweise zur Auswertung finden Sie auf Seite 90.

Reflexionsübung: Metaphern

Welche sprachlichen Metaphern fallen Ihnen zu Stress und Belastung ein („sich den Kopf zerbrechen“, „viel um die Ohren haben“, „die Zähne zusammenbeißen“)?

Hinweise zur Auswertung finden Sie auf Seite 90.

Die körperlichen und psychischen Auswirkungen von Stress

Stress ist eine Reaktion des Körpers und der Psyche auf Anforderungen, die von außen einwirken. Der Stress selbst entsteht im Gehirn. In einer Stresssituation gibt es zunächst ganz kurzfristige Wirkungen. Insbesondere wird das allgemein bekannte Hormon Adrenalin ausgestoßen. Dadurch kommt es zu einem Anstieg der Pulsfrequenz und des Blutdrucks. Die Muskelspannung erhöht sich und auch die Aufmerksamkeit steigt. Unruhe und Aggression sind die beherrschenden Gefühle.

Diese Situationen merkt sich das Hirn sehr gut. Schon kleine Kinder lernen durch spontanen und heftigen Schmerz, dass der gerade angefasste Herd sehr heiß ist. Bereits nach einer geringen Zahl solcher Erfahrungen ist die Situation als stressauslösend abgespeichert und wird auf jeden Fall gemieden.

So erleben wir in vielen Situationen reflexhafte Stressreaktionen des Körpers – häufig als Angst oder Wut. Rationale Prozesse brauchen etwas länger und werden erst später, gelegentlich auch zu spät, auf den Weg gebracht. Manchmal sind diese vorauseilenden Stressreaktionen hilfreich (im Straßenverkehr), häufig verschärfen sie aber das Geschehen unnötig (bei der Konfliktbearbeitung).

Hält der Stressreiz länger an, wird zusätzlich das trägere Hormon Cortisol ausgeschüttet. Dieses Hormon wirkt etwas langsamer und ist insbesondere für die aktivierende Energiebereitstellung im Körper wichtig. Durch die Erhöhung des Blutzuckerspiegels und der Blutfette wird der Mensch fit gemacht für die steinzeitlichen Bewältigungsstrategien Flucht oder Angriff.

An dieser Stelle müssen zwei Probleme erwähnt werden: Erstens sind die Stressreize im Vergleich zur Steinzeit heute viel häufiger geworden. Im Grunde genommen bieten viele Arbeitssituationen, und dazu gehört auch der Arbeitsalltag in der Schule, ständige Stressreize. Dadurch ist der Blutzuckerspiegel dauerhaft erhöht, was zu gesundheitlichen Komplikationen führen kann. Zweitens bewältigen wir die Stressreize heute kaum noch durch Flucht oder Angriff oder überhaupt durch Bewegungsaktivitäten (siehe S. 21). Durch die chronischen Stressreize werden also große Energiereserven im Körper bereitgestellt, aber dann mangels körperlicher Aktivität nicht abgerufen.

Literaturtipp

Kaluza, G.: Gelassen und sicher im Stress. 6. Aufl., Berlin: Springer 2015.

Reflexionsübung: Stressreaktionen

Was tun Sie, wenn Sie dauerhaft gestresst sind? Notieren Sie Ihre typischen Handlungsweisen bei längeren Stressphasen! Lassen Sie möglichst nichts aus, egal ob es um Schokolade oder exzessiven TV-Konsum geht.

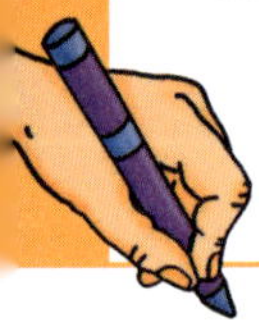

Hinweise zur Auswertung finden Sie auf Seite 91.

Stichwort: Stressbewältigung

Es fällt sofort auf, dass auf Stress in der Steinzeit mit Bewegung reagiert wurde. Nur intensives Laufen oder Kämpfen garantierte das Überleben. Danach durfte sich der Steinzeitmensch aber auch eine längere Erholungspause gönnen. Heute erscheinen die Stressbelastungen zunächst weniger bedrohlich, sind dafür aber sehr präsent. Ständig schleicht sich das Raubtier in Form von Zeitdruck, Arbeitsverdichtung oder Lärm an.

Auch heute noch ist Bewegung ein hervorragender Beitrag zur Stressbewältigung. Leider lassen wir aber besonders an stressigen Tagen die Bewegung als Hilfe zur Stressbewältigung zu gerne weg – dafür ist eben keine Zeit. Eigentlich wäre es gerade an solchen Tagen besonders wichtig, den Stress durch leichte Bewegungsaktivitäten zu dämpfen und zu regulieren.

Erfreulicherweise gibt es aber noch andere Strategien, die helfen. Häufig ärgern wir uns über Dinge, die wir gar nicht ändern können. Das ist zwar bequem, erzeugt aber negative Energie und hilft nicht weiter. Der eigene Ärger kann sehr geschickt als konstruktive Energie eingesetzt werden, um Zustände zu verändern. Die Konzentration sollte daher den Dingen gelten, die wir verändern können.

Der Steinzeitmensch hat sich auch nicht über das Raubtier geärgert. Er hat die Situation angenommen und sehr schnell zwischen den beiden Alternativen entschieden: „Soll ich angreifen oder soll ich fliehen?“ Diese Entscheidung hat vor allem mit den eigenen Fähigkeiten zu tun: „Habe ich den Speer griffbereit?“ und „Kann ich schneller und länger laufen als das Raubtier?“

Daher lassen sich bei der Einschätzung einer Situation drei Stressstufen leicht voneinander unterscheiden:

1. Die eigenen Fähigkeiten reichen aus, um mit der Anforderung fertigzuwerden. → Kein Stress!
2. Die eigenen Fähigkeiten reichen nicht aus, um mit der Anforderung fertigzuwerden. → Stress!
3. Die eigenen Fähigkeiten reichen nicht aus, um mit der Anforderung fertigzuwerden, aber die Bewältigung wäre sehr wichtig (zum Beispiel bei einer Prüfung). → Großer Stress!

Die meisten Stresssituationen der Neuzeit sind angenehmerweise nicht wirklich lebensbedrohlich. Daher benötigen wir auch den Tunnelblick nicht mehr. Heute können wir uns den Stressfaktor in aller Ruhe und von allen Seiten anschauen und nach neuen Lösungen suchen:
„Liegen in der Herausforderung auch Chancen?“
„Wie wichtig ist es überhaupt, die Herausforderung anzunehmen?“
„Können wir uns vielleicht sogar mit dem Raubtier anfreunden?“

Der Tunnelblick beinhaltet die Sichtweise „Ich muss“, ein offenes und kreatives Herangehen kann aber vielfach als ein „Ich möchte“ formuliert werden!

Das moderne Leben hat noch einige innere Stressverschärfer hinzugefügt, die sich immer wieder ungefragt melden. Am Arbeitsplatz Schule sind Perfektionsstreben („Auch morgen muss mein Unterricht wieder perfekt vorbereitet sein.“) und Durchhaltefantasien („Wenn ich mich heute krankmelde, muss mein Kollege in der schwierigen 9a vertreten.“) sehr verbreitet. Diese „inneren Raubtiere“ machen es oft noch schlimmer.

Stress führt auch dazu, sich auf die negativen Konsequenzen einer anstrengenden Situation zu konzentrieren. Gegenüber einem Raubtier hilft die Befürchtung, gefressen zu werden, dabei, für das eigene Überleben zu kämpfen. Für den modernen Alltagsstress sind solche Befürchtungen unangemessen und ermüdend. Wir können nicht jeden Tag mit der unbegründeten Angst leben, gefressen zu werden. Viel besser ist die Vorstellung, wie gut es sich anfühlt, eine Herausforderung bewältigt zu haben.

Auch Entlastungshandlungen zur Stressbewältigung sind nicht hilfreich. Ihre Wirkung ist nur kurzfristig spürbar und bedroht häufig die eigenen Gesundheitsressourcen. Dies können ganz unterschiedliche Handlungsweisen sein: Schokolade, Gummibärchen und Zigaretten sind natürlich ganz leicht als gesundheitsschädlich zu erkennen. Auch aggressives Autofahren auf dem Heimweg wird häufig als Entlastung empfunden – ist aber nicht nur für die eigene Gesundheit riskant. Ebenso kurzfristig wirkt die Entspannung durch den abendlichen Alkoholkonsum. Hier drohen nicht nur Gewöhnungseffekte, sondern auch Suchtkarrieren!

Stichwort: Distanzierungsfähigkeit

Die ständigen Stressbelastungen setzen uns zu. Die Belastungen und Probleme des Arbeitsalltags verfolgen uns bis nach Hause und in die Freizeit. Lehrkräfte sind hier besonders gefährdet, da sie in der Regel zwei Arbeitsplätze haben: in der Schule und zu Hause. Besonders stark ist die Distanzierungsfähigkeit bedroht, wenn der Schreibtisch im Schlafzimmer steht: Das letzte Bild vor dem Einschlafen ist der Stapel noch nicht korrigierter Klassenarbeiten und dieser Stapel begleitet auch das Erwachen des Lehrers im Morgengrauen.

Unterstützt durch tüchtige Smartphones bleiben wir dauernd ansprechbar und machen uns über die Arbeit Gedanken. Die Versuchung ist groß, abends um 22 Uhr die letzten E-Mails der Eltern abzuholen und sich noch einmal kräftig zu ärgern. Leider ist es erst am nächsten Morgen möglich, sich mit diesen E-Mails dann auseinanderzusetzen. Aber man kann ja bis zum Einschlafen noch ein wenig darüber grübeln.

Auch mitten in der Nacht, wenn sie eigentlich schlafen wollen, denken viele Menschen über die positiven, und viel häufiger noch über die negativen, Fragen ihrer Arbeit nach. Diese Fragen werden im Laufe der Nacht immer wichtiger. Morgens stellt man dann fest, dass es eigentlich doch nicht so schlimm ist – schade aber, dass man nun so schlecht geschlafen hat.

Früher war es immer ein bisschen peinlich, in der Schule privat angerufen zu werden. Daher kam es eigentlich auch selten vor. Durch Smartphones gibt es hier kein Halten mehr. Selbstverständlich gehen Freunde und Familie davon aus, dass man zwischendurch telefonisch erreichbar ist und normalerweise auch Zeit dafür findet, schnell zurückzurufen. Anders ausgedrückt: Auch die private Erreichbarkeit am Arbeitsplatz hat stark zugenommen. Der Multifunktionsraum Lehrerzimmer (Erholen, Frühstücken, Konferieren, Korrigieren, Lagern) ist daher um eine weitere Funktion erweitert worden: Telefonieren.

Praxisübung: Unser Pausenraum

Sprechen Sie in Ihrer Lehrerkonferenz einfach einmal die Nutzungsbedingungen ihres Pausenraums (Lehrerzimmer) an. Regen Sie vielleicht eine Gruppenarbeitsphase an und beginnen Sie gerne mit dem Thema „Telefonieren im Lehrerzimmer". Kopieren Sie dafür einfach die folgende Seite. Jede Arbeitsgruppe erhält eine Kopie des Arbeitsblatts. Als Zeitvorgabe sollten 15 Minuten reichen. Danach stellt jede Gruppe ihre Vereinbarungsvorschläge in höchstens zwei Minuten vor.

Zum Beispiel, dass ...

- ... nur in der ersten großen Pause oder nur in einer bestimmten Zone telefoniert werden darf.
- ... kein geruchsintensives Essen im Lehrerzimmer gelagert werden darf.
- ... bestimmte Dinge unbedingt im Lehrerzimmer zu finden sein sollten.
- ...

Arbeitsblatt: Telefonieren Im Lehrerzimmer

Pro	Kontra

Vereinbarungsvorschläge:

Stichwort: Interessierte Selbstgefährdung

Quer durch alle Branchen gibt es einen neuen und starken Trend: die interessierte Selbstgefährdung. Lehrkräfte sind hier durch das schleichende Anwachsen ihrer Aufgaben besonders gefährdet. Bei der interessierten Selbstgefährdung motivieren sich die Mitarbeiter selbst dazu, das zu große Arbeitsvolumen durch eine Reihe von selbstgefährdenden Handlungsweisen zu bewältigen, zum Beispiel:

- *das Auslassen von Pausen*
  In der Schule sind die Pausen zu den Belastungsspitzen des Arbeitsalltages geworden. Dabei liegen nicht nur die Pausenaufsichten an, die Pausen werden heute in den Schulen intensiv mit Verwaltungstätigkeiten, organisatorischen Aufgaben und wichtigen Gesprächsterminen gefüllt. In einigen Schulen haben sich mit Billigung des Kollegiums sogar Pausenkonferenzen in den großen Pausen etabliert.

- *die Intensivierung der Arbeitszeit*
  Immer häufiger wird der Versuch unternommen, schneller zu arbeiten oder mehrere Dinge gleichzeitig zu erledigen. Auch wenn der Lehrer natürlich nicht schneller unterrichten kann, gibt es in der Schule viele Möglichkeiten der vordergründigen Effizienzsteigerung. Beispielsweise ist häufiger zu beobachten, dass Lehrer während der Konferenzen nebenbei Klassenarbeiten korrigieren.

- *die Einnahme von Substanzen zur Erholung*
  Die Bereitschaft, durch Medikamente und Alkohol die Erholung oder das Einschlafen zu erzwingen, steigt zunehmend an. Die Hoffnung, am nächsten Tag den Anforderungen der Schule wieder gewachsen zu sein, siegt über die langfristigen Bedenken.

- *die Einnahme stimulierender Substanzen*
  Zugleich steigt auch die Bereitschaft, durch Gehirndoping die eigene Leistungsfähigkeit zu fördern. Die unerwünschten Nebenwirkungen werden in Kauf genommen.

- *Präsentismus*
  Immer mehr Menschen gehen krank zur Arbeit oder kehren nach einer schweren Erkrankung viel zu früh an ihren Arbeitsplatz zurück.

Die interessierte Selbstgefährdung verhindert die notwendige Regeneration und erhöht das Risiko für langfristige Erkrankungen. Die Vereinbarkeit von Beruf und Privatleben wird durch die interessierte Selbstgefährdung in hohem Maße bedroht.

Literaturtipp
Krause, A. / Dorsemagen, C.: Neue Herausforderungen für die Betriebliche Gesundheitsförderung durch indirekte Steuerung und interessierte Selbstgefährdung. In: Gudrun Faller (Hg.): Lehrbuch Betriebliche Gesundheitsförderung. 3. Aufl., Bern: Hogrefe 2017, S. 153–164.

Praxisübung: Positive Gefühle wahrnehmen

Im steinzeitlichen Kampf um das Überleben haben wir uns angewöhnt, uns die schlechten Dinge des Lebens viel besser merken zu können als die guten. Heute können wir es uns leisten, uns an den schönen Dingen zu freuen und sie in unserem Gedächtnis zu verankern. Das fällt uns Menschen aber nicht leicht.

Doch die folgende Übung kann Ihnen dabei helfen:

Legen Sie morgens drei Glasmurmeln (oder Gegenstände ähnlicher Größe) in Ihre linke Hosentasche. Achten Sie tagsüber auf positive Gefühle und jedes Mal, wenn Sie sich über etwas freuen, dann nehmen Sie eine Glasmurmel aus der linken und legen diese in die rechte Hosentasche. Das sollte Ihnen jeden Tag gelingen. Das Wichtigste: Nehmen Sie abends die drei Glasmurmeln aus der rechten Hosentasche und erinnern Sie sich ganz bewusst an diese schönen Momente!

Praxisübung: Atementspannung

Zum Abschluss dieses Kapitels dürfen Sie sich eine Entspannungsübung gönnen. Diese Übung ist sehr einfach, aber wirkungsvoll. Sie erinnern sich: Bei Stressreaktionen beschleunigt sich die Atmung. Diese physische Reaktion lässt sich gut beeinflussen und häufig sagen wir ganz intuitiv schon zu uns selbst: „Da muss ich erst einmal tief durchatmen.“

Stehen Sie mit beiden Füßen fest auf der Erde. Schließen Sie die Augen und falten Sie die Hände vor dem Bauch. Atmen Sie nun langsam durch die Nase ein und schöpfen den Atem mit den Händen nach oben. Beim Ausatmen senken Sie die Hände vor dem Körper wieder ab. Wiederholen Sie diese Atembewegung fünfmal und öffnen dann wieder die Augen.

3. Kommunikation

Feedback geben und nehmen

Feedbacks sind ein unverzichtbares Element gelungener Kommunikation. Sie ermöglichen Orientierung in der Zusammenarbeit mit anderen Menschen und geben Hinweise darauf, was sich auf der Beziehungsebene abspielt. Sie sind daher ein ausgesprochen wichtiges Korrektiv des eigenen Verhaltens.

Feedbacks können positive und negative Aspekte beinhalten. Negative Aspekte können vom Kommunikationspartner als bedrohlich wahrgenommen werden und Widerstände wecken. Darauf muss bei Feedback-Prozessen Rücksicht genommen werden. Andernfalls ist die Gefahr groß, dass die Rückmeldung ohne weitere inhaltliche Prüfung abgelehnt wird.

Für das Arbeitsklima und die Arbeitszufriedenheit ist eine konstruktive und vertrauensvolle Feedback-Kultur von entscheidender Bedeutung. Das gilt in besonderem Maße in der Schule: Hier sind Kommunikation und Feedback-Prozesse der Kern der alltäglichen Arbeit mit den Schülern und der Kooperation im Kollegium. Auch aus Sicht der Schüler wird das Lernklima wesentlich von der Qualität dieser Rückmeldungen bestimmt.

Ein wirkungsvolles und annahmeverträgliches Feedback beginnt am besten mit den positiven Botschaften. Dabei ist es sehr hilfreich, zwischen Person und Verhalten zu trennen – denn nur das Verhalten ist veränderbar. Klare Formulierungen sind zielführend. Es gilt der Grundsatz: „Hart in der Sache, aber weich zur Person.“ Ein Feedback ist eine subjektive Äußerung, das wird durch die Formulierung als Ich-Botschaft unterstrichen.

Günstig ist eine zeitnahe Rückmeldung. Dadurch wird die Situation von den Beteiligten besser und in der Regel auch übereinstimmender erinnert. Andernfalls besteht die Gefahr, dass sich das rückmeldebedürftige Verhalten wiederholt und negative Emotionen angestaut werden. Das erschwert zukünftige Feedback-Gespräche. Außerdem wird dadurch der Gefahr vorgebeugt, dass aus Ärger oder Unvorsichtigkeit Kritik falsch adressiert wird. Nehmen zusätzlich Außenstehende an dem Feedback-Prozess Anteil, werden Problemlösungen meist viel schwieriger.

Auch Feedback anzunehmen, ist wichtig und manchmal schwierig. Es gilt immer zunächst: ausreden lassen, auch wenn es schwerfällt. Der Feedback-Prozess wird durch aktives Zuhören unterstützt. Geben Sie Signale, dass Sie die Resonanz verstehen und fragen Sie nach. Rechtfertigungen führen dagegen überhaupt nicht weiter. Die eigene Rechtfertigung bringt Unterlegenheit zum Ausdruck und der Kommunikationspartner ist in der Regel mehr an Verhaltensänderungen als an Beharrlichkeit interessiert.

Persönliche Angriffe sind jedoch immer klar abzulehnen. Sie gehören nicht zu einem konstruktiven Feedback. Falls Feedback-Prozesse doch einmal eskalieren sollten, ist eine Verschiebung des Gesprächs auf einen späteren Zeitpunkt oft eine gute Lösung. Ein neuer Anlauf mit weniger emotionaler Betroffenheit kann sich viel entspannter entwickeln.

Checkliste: Die vier Schritte des Feedbacks

Gehen Sie Feedbacks ganz bewusst in den folgenden vier Schritten an:

1. Werden Sie sich zunächst darüber klar, was Sie eigentlich beobachtet haben.

   Der Kollege Kissenfreund ist heute Morgen 20 Minuten zu spät gekommen.

2. Beschreiben Sie diese Beobachtung und ihre Konsequenzen.

   In dieser Zeit haben die Schüler mehrfach im Lehrerzimmer angefragt, wo denn ihre Lehrkraft bleibt.

3. Bewerten Sie erst danach die Beobachtung.

   Das stört mich, weil ich früh in der Schule war und noch einiges zu regeln hatte. Stattdessen musste ich die Schüler meines Kollegen vertrösten. Außerdem finde ich, dass unpünktliche Kollegen eine negative Wirkung auf die Schulkultur haben.

4. Geben Sie erst ganz zum Schluss Empfehlungen.

   Bitte fahren Sie morgens früher von zu Hause los.

Konflikte lösen

Konflikte sind Ausdruck unterschiedlicher Interessen. Insofern sind Konflikte grundsätzlich eine Chance zum Interessenausgleich und zur Veränderung. Werden Konflikte aber nicht angemessen bearbeitet, können sie außer Kontrolle geraten. Wenn es in chronisch gepflegten Konflikten mit hoher persönlicher Prägung nur noch darum geht, dem anderen zu schaden, führt der Weg am Ende gemeinsam in den Abgrund.

Meinungsverschiedenheiten werden besonders dann als bedrohlich erlebt, wenn sie aus einer unterlegenen Position heraus erlebt werden. Die schwächere Partei weiß, dass bei einer nicht gelungenen Konfliktlösung der Konflikt durch den Einsatz von Macht entschieden werden kann. Auch wenn diese Macht gar nicht wirklich eingesetzt wird, hat das Machtpotenzial eine große Wirkung auf die Konfliktwahrnehmung. Dieser Punkt kann auch bei Lehrer-Schüler-Konflikten, bei Lehrer-Eltern-Konflikten und bei Konflikten der Schüler untereinander eine große Rolle spielen.

In Arbeitszusammenhängen werden Konflikte oft durch die unterschiedlichen Rollen ausgelöst, die die einzelnen Akteure einnehmen. In diesem Fall geht es nicht nur darum, Person und Verhalten voneinander zu trennen, sondern auch die unterschiedlichen Rollenanforderungen (zum Beispiel Schulleitung, Lehrkraft, Elternvertreter) im Blick zu haben.

Lehrer (und Schüler) verbringen viel Zeit in ihrer Schule. Nicht bearbeitete Auseinandersetzungen binden dann auf Dauer große negative Energiemengen. Daher sollten am Arbeitsplatz Schule Störungen immer Vorrang haben. Zeitnahe Konfliktlösungen, manchmal auch mit externer Unterstützung, lohnen sich fast immer. Nach der Konfliktlösung kann dann wieder störungsfrei und effizient gearbeitet werden.

Konfliktlösungsprozesse haben auch zum Ziel, Positionen („Ich habe recht.“) in Wünsche („Ich wünsche mir, dass …“) umzuformulieren. Das ermöglicht es, verschiedene Interessen, wie Wertschätzung, Transparenz, Partizipation und gerechte Arbeitsteilung, zusammenzubringen. Es geht darum, mit „und“ statt „aber“ zu formulieren. Ein „Ja, aber …“ meint eigentlich immer ein „Nein“. Dagegen lässt ein „Ja und …“ viel mehr Spielräume dafür offen, unterschiedliche Wünsche und Interessen miteinander zu verbinden.

Reflexionsübung: Konflikt

Zeichnen Sie den Begriff „Konflikt“!

Zeichnen Sie wieder alles, was Ihnen zu diesem Begriff einfällt, mit bunten Stiften auf diese freie Seite.

Hinweise zur Auswertung Ihrer Zeichnung finden Sie auf Seite 91.

Praxisübung: Der Wasserglasfall

Gruppenarbeit für die Konferenz oder den Studientag:

Welchen Umgang haben Sie in Ihrem Kollegium mit Konflikten? Das hat mit persönlichen Kompetenzen und manchmal auch mit Werthaltungen zu tun. Diskutieren Sie dazu mit Ihren Kollegen in kleinen Gruppen den folgenden Fall. Kopieren Sie einfach das Arbeitsblatt auf der nächsten Seite, jede Arbeitsgruppe erhält ein Arbeitsblatt. Als Zeitvorgabe sollten 20 Minuten reichen, danach stellt jede Gruppe ihre Ergebnisse in höchstens zwei Minuten vor.

Hinweise zur Auswertung finden Sie auf Seite 91f..

Arbeitsblatt: Der Wasserglasfall

Fridolin ist leicht reizbar und etwas dominant. Als neuer Kollege ist er besonders motiviert, seine Meinungen zu platzieren. Horst-Herbert ist schon länger dabei und mehr der intellektuelle Typ. Seine Kollegen haben sich an seine gelegentlichen Belehrungen gewöhnt.

Die erste Konferenz nach den Sommerferien eskaliert. Mit leicht überheblichen Formulierungen teilt Horst-Herbert seinem Kollegen Fridolin mit, dass sein Auftreten nicht mit seinem Erfahrungshorizont vereinbar ist. Fridolin schüttet ihm daraufhin mit den Worten „Du bist auch noch nicht ganz trocken hinter den Ohren" sein Wasserglas über den Kopf.

Wie gehen Sie mit einer solchen Entgleisung um? Auf welche Reaktion einigt sich die Gruppe?

....

....

....

....

....

....

....

....

....

....

Positive Beziehungen am Arbeitsplatz

Soziales Handeln verursacht positive Gefühle. Zuwendung, Freundschaft, Dankbarkeit und Vergebung sind Haltungen und vorbeugende Faktoren, die negative Gefühle verhindern. Sie sind die Grundlage für Ihr Wohlbefinden. Handlungen, die aus Ärger, Hass und Rachsucht entstehen, verursachen dagegen unangenehme Stimmungslagen.

Soziale Beziehungen sind eine wichtige Ressource im Leben. Häufig verändern sich diese sozialen Beziehungen aber mit dem beruflichen Engagement. Die beruflichen Kontakte ersetzen private Beziehungen, für die dann keine Zeit mehr da ist. In beruflichen Krisen ist das ungünstig – der Wechsel oder gar der Verlust des Arbeitsplatzes gehen dann einher mit dem Verlust der sozialen Netzwerke –, obwohl gerade dann die soziale Unterstützung besonders wichtig wäre. Daher ist es bedeutsam, in guten, aber beruflich engagierten, Zeiten die privaten Beziehungen zu pflegen, auch wenn es schwerfällt.

Positive Beziehungen gründen sich auch auf der Erkenntnis, dass die Menschen sehr unterschiedliche Bedürfnisse haben können. Resiliente Menschen sind sowohl in der Lage, ihre eigenen Bedürfnisse zu erkennen, als auch den Bedürfnissen anderer Menschen wertfrei zu begegnen. Eine solche Haltung ist am Arbeitsplatz noch entscheidender als im Privatleben.

Lehrerkollegien sind zwar stabile soziale Gemeinschaften, die über Jahrzehnte zusammenarbeiten. Sie sind allerdings auch anfällig für die Entwicklung und Pflege von Beziehungsstörungen. Der dicht gedrängte Schulalltag lässt oft keine Zeit dafür, Beziehungen aktiv zu gestalten und Konflikte regelmäßig zu bearbeiten. Dabei liegt eine große Chance darin, sich als Lehrerkollegium (oder in sehr großen Schulen als Fachbereich) zu einem Team zu entwickeln und die Vorteile einer wirklichen Teamarbeit zu nutzen. Ein echtes Team zeichnet sich vor allem durch folgende Merkmale aus:

- Alle Teammitglieder ziehen an einem Strang.
- Alle Teammitglieder verfolgen dieselben Ziele.
- Die Zugehörigkeit zum Team ist sehr wichtig.
- Die Teamorganisation ist in hohem Maße verbindlich.
- Die Teammitglieder konkurrieren nicht untereinander. Die Konkurrenz ist nach außen gerichtet.
- Die Teammitglieder sind aufeinander angewiesen und Hilfe wird bei Bedarf eingefordert.
- Das Team hat eine klare, überschaubare Rollen- und Aufgabenverteilung.

An folgenden Kriterien können Sie gut und leicht erkennen, ob ihre schulischen Arbeitszusammenhänge die Voraussetzungen für eine Teamarbeit wirklich erfüllen:

Checkliste: Arbeiten wir als Team?

- ☐ Wir-Gefühl
- ☐ Rücksichtnahme
- ☐ Wertschätzung und Anerkennung
- ☐ konstruktive Fehlerkultur
- ☐ Kritikfähigkeit
- ☐ Unterstützungskultur
- ☐ positive Beziehungen nach außen

Immer mehr Lehrerkollegien und Lehreteams nehmen externe Begleitung zur Teamentwicklung in Anspruch. Sie helfen dabei, langfristig erfolgreich und vor allem effizient zu arbeiten. Sehr dringliche Anlässe für eine Teamentwicklung können zum Beispiel folgende Erfahrungen sein:

- brotlose Besprechungen
- Kommunikationsdefizite
- unklare oder einsame Entscheidungsprozesse
- Motivationsverluste

Das folgende Stichwort zeigt, dass aber auch die bewusste Kontrolle der eigenen Einsatzfreude für das nachhaltige Arbeiten im Team eine hohe Bedeutung hat.

Literaturtipp
Schäffner, L. / Behrenburg, I.: Kompetenzorientierte Teamentwicklung. Münster: Waxmann Verlag 2010.

Stichwort: Beschleunigungsfalle

Nicht nur einzelne Lehrkräfte, auch ganze Lehrerteams können sich durch interessierte Selbstgefährdung (siehe Seite 27) kollektiv verausgaben. Der eigene Erfolg macht Spaß und es wird lange gar nicht beachtet, dass sich die eigenen Ressourcen erschöpfen. Diese Teams geraten in die Beschleunigungsfalle mit ihren typischen Merkmalen:

- Das Team arbeitet ständig am Limit – und kann dabei durchaus erfolgreich sein.
- Nicht nur das Team, sondern auch die einzelnen Mitglieder verausgaben sich.
- Die notwendigen Erholungszeiten fehlen.
- Das Team benötigt immer mehr Ressourcen und Einsatzfreude, um seine Ziele zu erreichen.
- Das Problem wird immer größer.
- Die Beschleunigungsfalle kann alle Arten von Teams treffen.

Reflexionsübung: Soziale Unterstützung

Erinnern und notieren Sie drei berufliche Situationen, in denen Sie selbst soziale Unterstützung in Ihrem Team oder Kollegium erhalten haben.

....

....

....

....

....

....

....

....

....

....

....

....

....

....

Hinweise zur Auswertung finden Sie auf Seite 92.

4. Gesund arbeiten

Gesund arbeiten und Arbeitszufriedenheit

In der Steinzeit arbeiteten die Menschen im Einklang mit der Natur. Sammeln und Jagen waren zwar gefährliche Tätigkeiten, aber sie waren physisch anspruchsvoll. Sie beugte den Zivilisationskrankheiten vor (die es damals natürlich noch nicht gab).

Moderne Gesellschaften haben ein anderes Problem: Durch den hohen Grad der Arbeitsteilung können Arbeitsvorgänge enorm einseitig und verdichtet sein. Diese Einseitigkeit bezieht sich immer häufiger auf die psychischen Anforderungen, also zum Beispiel eine dauerhaft hohe Konzentrationsleistung. Aber auch das ständige Arbeiten gegen den Widerstand in Lerngruppen kann zur psychischen Erschöpfung führen.

Arbeit ist dennoch eine wichtige Ressource. Sie stiftet Sinn, ermöglicht eine positive Entwicklung und sichert die Rolle und den Status in der Gesellschaft. Arbeit kann einen Menschen belasten oder aufblühen lassen. Die Zufriedenheit oder Unzufriedenheit mit der Arbeit ist häufig ein kollektives Phänomen und drückt sich im Arbeitsklima aus. Der Begriff der Berufszufriedenheit meint dagegen einen ganz anderen Aspekt und ist viel stärker individuell geprägt. Verschiedene Aspekte der persönlichen Zufriedenheit am Arbeitsplatz Schule lassen sich also wie folgt untergliedern:

1. Die Zufriedenheit mit dem Beruf bezieht sich auf eine oft lange zurückliegende Berufswahlentscheidung. („War es die richtige Entscheidung, Lehrer zu werden?“)

2. Die Zufriedenheit mit dem Arbeitsplatz hat mit dem Arbeitgeber bzw. dem konkreten Einsatzort zu tun. („Arbeite ich in der richtigen Schule?“)

3. Die Zufriedenheit mit der Arbeit bezieht sich auf die aktuelle Situation. („Bin ich mit meinem Arbeitsalltag in der Schule zufrieden? Habe ich nette Kollegen, Schüler und Eltern?“)

Die eigene Haltung zur Arbeit ist dabei der entscheidende Faktor. Nicht nur die Freizeit, auch die Arbeit muss Spaß machen. Der Stolz auf die eigene Arbeit gehört dazu. Wer diesen Anspruch aufgibt, verzichtet für die Hälfte seines Lebens auf einen freudvollen Alltag. Deshalb ist es so wichtig, negative Energien am Arbeitsplatz aktiv und konstruktiv anzugehen. Genauso wichtig ist es, sich die positiven Aspekte der eigenen Arbeit bewusst zu machen und mit anderen Menschen vor allem darüber zu reden (und nicht nur darüber, was im Arbeitsalltag mal wieder alles nicht geklappt hat).

Immer häufiger wird Dringendes erledigt, Wichtiges bleibt dagegen liegen. Zu den wichtigen Dingen gehört auch die eigene Gesundheit. Wenn sie dringend wird, ist es meistens zu spät! Durch die ständige Auseinandersetzung mit den Dringlichkeiten fangen die Gedanken an, um den ewigen Zeitdruck zu kreisen. Es meldet sich das Gefühl, nie mit der Arbeit fertig zu werden, und immer öfter verfolgt sie uns bis in die eigenen Träume.

Was kann ich nun ändern, wenn die Arbeit nicht weniger wird? Eine Sache, die viel Disziplin erfordert, ist: Die Aufgaben hintereinander zu erledigen. Für Multitasking ist der Mensch nicht gemacht. Der Versuch, mehrere Aufgaben zugleich zu erledigen, führt zu nichts anderem, als ständig zwischen ihnen hin und her zu springen. Die Arbeit wird dann langsamer und fehlerhaft verrichtet.

Ist die Lage schlecht, suchen wir gerne nach einem Schuldigen. Dabei ist diese Frage völlig uninteressant. Letztlich kommt es immer darauf an, wer die Konsequenzen trägt – und das ist selten derjenige, der Schuld hat. Dementsprechend gilt es, in schwierigen Situationen Ursachen, und keine Schuldigen, zu suchen. Das eröffnet den Blick auf die eigenen Handlungsspielräume und führt dazu, Veränderungen selbst in die Hand nehmen zu können. Sicherlich ist eine bessere Bildungspolitik dringend erforderlich, allerdings können Sie im Hier und

Jetzt nicht darauf warten. Daher müssen Sie diese bessere Bildungspolitik vor Ort selbst in die Hand nehmen!

Es geht für Sie also in Zukunft darum, sich selbst nicht als Stressopfer, sondern als Gestalter stressreduzierter Arbeitsprozesse wahrzunehmen. Schulen, in denen der Gedanke „Das kann man nicht ändern“ vorherrscht, können kaum auf positive Veränderungen hoffen. Vielmehr wird sich hier die selbsterfüllende Prophezeiung verwirklichen, dass sich wirklich nichts ändert.

Reflexionsübung: Meine Arbeitssituation

Notieren Sie zu jeder Frage mindestens zwei Antworten.

Was ist positiv an Ihrer Arbeitssituation?

....

....

....

....

Welches sind die größten Belastungen an Ihrem Arbeitsplatz?

....

....

....

....

Was würden Sie in Ihrer Schule gerne verändern?

....

....

....

....

Hinweise zur Auswertung finden Sie auf Seite 92.

Wertschätzung

Wertschätzung auszudrücken, ist die beste Garantie dafür, auch selbst Wertschätzung zu erfahren. Aus dieser Fähigkeit erwachsen positive Beziehungen. Aber was genau ist eigentlich mit dem Begriff Wertschätzung gemeint?

Es geht dabei in erster Linie um eine respektvolle, anerkennende und wohlwollende Haltung einem anderen Menschen gegenüber. Dabei bezieht sich die Wertschätzung eher auf die Person als auf das Verhalten. Die Trennung von Person und Verhalten ermöglicht es dann auch, in wertschätzende Zusammenhänge Kritik und den Wunsch nach Verhaltensänderung einzubinden.

Ein starkes eigenes Selbstwertgefühl erleichtert es, auch anderen Menschen Wertschätzung entgegenzubringen. Umgekehrt stärkt es wiederum das eigene Selbstwertgefühl, sie selbst zu bekommen. Das zeigt, wie bedeutsam Wertschätzung für eine positive individuelle Entwicklung und für eine psychisch gesunde Kooperation am Arbeitsplatz ist.

Im Arbeitsalltag kommt Wertschätzung häufig zu kurz. Manchmal entstehen dadurch wirkliche Beziehungsstörungen. Fehler binden eben eine größere Aufmerksamkeit als die Dinge, die gut laufen. Manchmal geht die Wertschätzung auch nur aus purem Zeitmangel unter, obwohl sie so viel zu einem positiven und effizienten Arbeitsalltag beitragen kann.

Praxisübung: „Das hast du falsch gemacht!“

Finden Sie möglichst viele nette und motivierende Formulierungen für die Aussage: „Das hast du falsch gemacht.“

Praxisübung: Wertschätzung im Kollegium

Wertschätzungsübung für die Konferenz oder den Studientag

Bereiten Sie für jeden Teilnehmer ein Schild aus dünner Pappe (mindestens 160 g/qm, etwa DIN A5) vor. Zur Not tut es auch ein Pappteller vom letzten Kollegenfest. Außerdem benötigen Sie eine Rolle Kreppband und für jeden Teilnehmer einen Kugelschreiber oder dünnen Filzstift. Die Teilnehmer kleben sich nun gegenseitig mit einem Kreppbandstreifen ein Pappschild auf den Rücken.

Geben Sie dann die folgende Übungsanweisung: „Äußern Sie sich positiv gegenüber den anderen Teilnehmern! Schreibt euch gegenseitig auf den Rücken, was ihr aneinander schätzt!“

Für die Übung müssen Sie etwa 10 bis 15 Minuten einplanen. Am Ende nimmt jeder Teilnehmer sein Schild ab (je nach Beweglichkeit mit freundlicher Hilfe eines Kollegen) und genießt die Komplimente. Negative Äußerungen sind nicht zulässig. Die Teilnehmer sollten das Pappschild für schlechte Zeiten gut aufbewahren.

Hinweis: Bitte kleben Sie kein Kreppband auf Seidenblusen, sonst könnten hinterher doch noch negative Energien entstehen!

Stichwort: Das Diktat der Erfahrung

In manchen Schulen spielt das Senioritätsprinzip eine wirklich große Rolle. Das Lebensalter oder, schlimmer noch, die Dauer der Zugehörigkeit zu diesem Kollegium wird mit Kompetenz gleichgesetzt. Damit werden Besitzstände verteidigt. Veränderungswünsche werden als Kritik an der Vergangenheit interpretiert. Folgende Haltungen sind typisch für das Diktat der Erfahrung:

1. Allein die Dauer der Kollegiumszugehörigkeit qualifiziert für bestimmte Aufgaben oder auch nur Meinungsäußerungen.

2. Es zählen nur die Erfahrungen, die innerhalb der betreffenden Schule gesammelt wurden.

3. Nur langjährige Kollegen dürfen neue Ideen äußern.

4. „Dafür sind Sie noch zu unerfahren“ ist der Standardsatz, mit dem die älteren Kollegen auf ihrer Autorität beharren.

Es hilft in diesem Fall eigentlich nur, Vorurteile und Entscheidungsprozesse immer wieder zu reflektieren und zu bearbeiten.

Reflexionsübung: Visionen

Was würden Sie arbeiten, wenn Sie auf Ihr Einkommen nicht angewiesen wären? Notieren Sie eine oder mehrere Visionen zu dieser Frage.

....

....

....

....

....

....

....

....

....

....

....

....

....

....

....

Hinweise zur Auswertung finden Sie auf Seite 93.

Stichwort: Arbeitsdichte

Die Arbeit wird in kleinen Schritten immer mehr. Die Schule erhält jedes Jahr mehr Aufgaben, die eingesetzten Personalressourcen schrumpfen dagegen tendenziell. Die Lehrkräfte fühlen sich aber dafür verantwortlich, die Arbeit trotzdem zu schaffen (siehe Abschnitt „Interessierte Selbstgefährdung“, Seite 27).

Die Schule hat die Aufgabe, den Kindern Bildung zu vermitteln. In früheren Zeiten haben die Elternhäuser begleitend dazu die Erziehung der Kinder übernommen. So klar ist diese Trennung heute aber nicht mehr: Die Schulen übernehmen immer mehr erzieherische Aufgaben, ohne dass für diese zusätzlichen Aufgaben Ressourcen eingeplant werden.

Die Lehrkräfte stehen unter Stress, sie sind aber nicht die Einzigen: Auch die Eltern erleben an ihren Arbeitsplätzen die Stressspirale und geben diesen Stress an ihre Kinder weiter. Das führt dazu, dass die Kinder den Stress ihrer Eltern mit in die Schule bringen. Da Stress ansteckend ist, gerät durch diese Schleife der Arbeitsalltag in der Schule mächtig unter Druck. Es entsteht mehr Anspannung und es müssen mehr Aufgaben schneller erledigt werden.

Das erste Grundgesetz des Zeitmanagements wäre, im richtigen Moment „Nein“ zu sagen. Durch keine andere Aktion können Sie mehr Zeit einsparen als durch ein klares und rechtzeitiges „Nein“. Bedauerlicherweise hat die Schule keine ausgeprägte „Nein-Kultur“. Das liegt daran, dass die Lehrer mit den direkten Konsequenzen einer solchen Absage konfrontiert werden: enttäuschte Kinder, verärgerte Eltern und das Abwälzen der Aufgaben auf Kollegen, die auch nicht gerne „Nein“ sagen.

Eine dauerhafte Kontrolle der Arbeitsdichte am Arbeitsplatz Schule kann aber nur gelingen, wenn der einzelne Lehrer bereit ist, seine persönlichen Leistungsgrenzen konsequent zu schützen. Bis dies an Schulen zur Regel wird, ist es noch ein weiter Weg, aber fangen Sie ruhig schon einmal an, in einer Situation, in der Überlastungsgefahr droht, „Nein“ zu sagen und sich hinterher trotzdem gut zu fühlen!

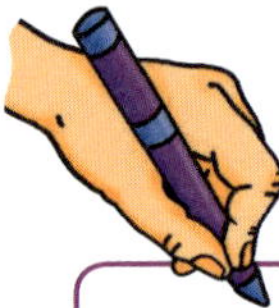

Reflexionsübung: Nein!

Gestalten Sie eine Zeichnung, in deren Mittelpunkt die Aussage „Nein!" steht! Zeichnen Sie wieder alles, was Ihnen dazu einfällt, mit bunten Stiften auf diese freie Seite.

Hinweise zur Auswertung Ihrer Zeichnung finden Sie auf Seite 93.

Stichwort: Pausenkultur

Viele Lehrer erleben die Belastungsspitzen ihres Arbeitstages in den großen Pausen. Jetzt werden kurz die wichtigen Gespräche geführt, am Kopierer gewartet, schnelle Anrufe getätigt, Organisatorisches im Sekretariat erledigt, Unterrichtsmaterial gesucht oder gelegentlich die Pausenaufsicht durchgeführt. Diese Lehrer berichten immer wieder: „Ich erhole mich doch im Unterricht." Dahinter steht die traditionelle Sichtweise, dass die Pause für die Schüler da sei.

Häufig ist der Antrieb für diese Art der Pausengestaltung der schnelle Start nach Hause, weil man nach dem anstrengenden Schullalltag total erschöpft ist – das liegt dann allerdings wirklich weniger an den Unterrichtsbelastungen als an den intensiv genutzten und anstrengenden Pausen.

Dabei ist die Pausenkultur eines Kollegiums ganz entscheidend dafür, mit welchem Stresspegel gearbeitet wird und wie sich die gesundheitliche Gesamtsituation darstellt. Dabei geht es weniger um den kurzfristigen Krankenstand als darum, gesund und mit großer Schulfreude die Rente zu erreichen. Gerade ältere Kollegen (50+, also die Best-Ager) sind kaum weniger leistungsfähiger, sie benötigen nur konsequentere und längere Erholungspausen. Auch darauf muss die Schule Rücksicht nehmen.

Trotzdem: Ob jung oder alt, letztlich braucht jeder Körper Pausen. Werden die ganz großen Pausen (also der Nachtschlaf) weggelassen, gibt der Körper sofort sehr deutliche Signale. Werden aber die kleinen Pausen (mindestens alle 90 Minuten) weggelassen, dann meldet sich der Körper zu langsam. Treten nach einiger Zeit doch Beschwerden auf, werden sie anderen Ursachen zugeschrieben.

Nutzen Sie daher die Unterrichtspausen soweit möglich zur eigenen Erholung und suchen Sie sich gezielt Rückzugsräume. Bleiben Sie lieber nach dem Unterricht etwas länger in der Schule – Sie haben dann den entspannteren Arbeitstag. Leichter ist das Problem bei den heimischen Arbeitsphasen zu lösen. Hier gibt es eigentlich überhaupt keinen Grund, nicht mindestens alle 60 Minuten eine Fünf-Minuten-Pause einzulegen. Sie arbeiten dann einfach schneller und besser. Manchmal ist es durchaus hilfreich, sich durch einen Wecker an die nächste Pflichtpause erinnern zu lassen!

Die ideale Pausengestaltung hebt sich so weit wie möglich von den Arbeitsphasen ab. Wenn Ihre Arbeit eine hohe Konzentration erfordert, was bei Lehrern in der Regel der Fall ist, dann sollten Sie die Pausen so gestalten, dass sich auch das Gehirn gut entspannen kann: aufstehen, kurz lüften, sich strecken und dehnen, den Blick in die Ferne schweifen lassen. Wenn Sie bei der Arbeit viel sitzen, dann sind Bewegungspausen am wirkungsvollsten.

Praxisübung: Progressive Muskelentspannung

Die folgenden Übungen sind sehr einfach und unauffällig. Bei langwierigen Lehrerkonferenzen können sie auch zwischendurch unbemerkt durchgeführt werden.

Die progressive Muskelentspannung arbeitet mit dem bewussten Wechsel von Anspannung und Entspannung der Muskulatur. Der kontrollierten Anspannung einer Muskelgruppe (ca. 10 Sekunden) folgt die umso tiefere Entspannung derselben Muskeln (ca. 30 Sekunden). Dadurch können die Muskelspannung reduziert und Gefühle der Unruhe verringert werden. Regelmäßiges Üben beschleunigt und vertieft die Wirkung.

Setzen Sie sich in eine bequeme Position und führen Sie folgende Übungen nachaneinander durch:

1. Ballen Sie die rechte Hand zur Faust und drücken Sie den Arm gegen den Oberschenkel oder gegen die Armlehne (ca. 10 Sekunden). Lösen Sie die Anspannung wieder und öffnen Sie die Hand. Spüren Sie, wie sich Ihre Hand jetzt anfühlt (ca. 30 Sekunden).

2. Ballen Sie die linke Hand zur Faust und drücken Sie den Arm gegen den Oberschenkel oder gegen die Armlehne (ca. 10 Sekunden). Lösen Sie die Anspannung wieder und öffnen Sie die Hand. Spüren Sie, wie sich Ihre Hand jetzt anfühlt (ca. 30 Sekunden).

Praxisübung: Progressive Muskelentspannung

3. Spannen Sie den rechten Oberschenkel und die rechten Gesäßmuskeln an und strecken Sie das Bein. Drücken Sie die Fußspitze in Richtung Knie (ca. 10 Sekunden). Lösen Sie die Anspannung wieder und spüren Sie, wie sich Ihr Bein jetzt anfühlt (ca. 30 Sekunden).

4. Spannen Sie den linken Oberschenkel und die linken Gesäßmuskeln an und strecken Sie das Bein. Drücken Sie die Fußspitze in Richtung Knie (ca. 10 Sekunden). Lösen Sie die Anspannung wieder und spüren Sie, wie sich Ihr Bein jetzt anfühlt (ca. 30 Sekunden).

5. Ziehen Sie die Schulterblätter nach hinten, spannen Sie die Bauchdecke an und drücken Sie den geraden Rücken gegen die Stuhllehne (ca. 10 Sekunden). Lösen Sie die Anspannung wieder und spüren Sie, wie sich Ihr Rücken jetzt anfühlt (ca. 30 Sekunden).

5. Gesunder Lebensstil

Das Alltagsverhalten ist der Schlüssel zur Gesundheit. Ein resilienter Ansatz stellt hier die Frage „Was hält mich gesund?“ und nicht „Was macht mich krank?“.

Reflexionsübung: Gesundheit, Teil 1

Zeichnen Sie den Begriff „Gesundheit“!

Zeichnen Sie wieder alles, was Ihnen zu diesem Begriff einfällt, mit bunten Stiften auf diese freie Seite.

Hinweise zur Auswertung Ihrer Zeichnung finden Sie auf Seite 93.

Reflexionsübung: Gesundheit, Teil 2

Was hält Sie gesund? Notieren Sie mindestens drei Antworten zu dieser Frage.

Hinweise zur Auswertung finden Sie auf Seite 93.

Bewegung

Zurück in die Steinzeit: Der Mensch ist für ein bewegtes Leben gemacht. Laufen, Werfen, Springen, ab und zu auch Klettern und Schwimmen, sind für den frühen Menschen die grundlegenden physischen Anforderungen. Unsere modernen Arbeitsplätze haben damit wenig zu tun. Aber auch das riesige Medienangebot führt zu einem nie gekannten Bewegungsmangel.

Doch Bewegungsmangel macht krank. Herz-Kreislauf-Erkrankungen sind sehr häufige, schwerwiegende und langfristige Folgen des Bewegungsmangels. Rückenschmerzen erzeugen allerdings schon kurzfristig einen viel höheren Leidensdruck und erlangen mehr Aufmerksamkeit. Sich bewegen heißt daher, sich für eine wichtige Gesundheitsressource Zeit zu nehmen. Wir müssen Bewegung also neu entdecken und langfristig zu einem Teil unseres Lebensstils machen.

Am Anfang steht die positive Einstellung zur Bewegung. Im nächsten Schritt sollten Sie diese positive Einstellung in konkrete Ziele übersetzen. Es ist oft eine große Hilfe, sich zu der positiven Einstellung zu bekennen, einen bewegten Lebensstil offen zu befürworten und mit anderen Menschen darüber zu reden. Das schafft Verbindlichkeit und manchmal lassen sich darüber auch Verbündete für gemeinsame Bewegungsaktivitäten finden.

Reflexionsübung: Bewegung

Wann hat Ihnen Bewegung schon einmal richtig Spaß gemacht?

....

....

....

....

Was muss geschehen, damit Sie das Thema gut finden?

....

....

....

....

Welche Ziele könnten Sie mit mehr Bewegung im Alltag erreichen?

....

....

....

....

Hinweise zur Auswertung finden Sie auf Seite 94.

Ernährung

In der Steinzeit musste der Mensch sich auch für seine Nahrung stark engagieren, er musste für sie kämpfen oder sie mühsam sammeln. Heute stehen wir einem nahezu unbegrenzten Nahrungsangebot gegenüber. Dass wir in den Supermarkt gehen und uns unsere Nahrung einfach kaufen, war bei unserer Entwicklung so nicht absehbar. Mit dieser reichhaltigen, aber bewegungsarmen Lösung kommen wir nicht gut zurecht.

Die Art, sich zu ernähren, basiert auf früh erlernten und außergewöhnlich stabilen Gewohnheiten. Veränderungen der Ernährungsgewohnheiten sind deshalb besonders schwer, sie vollziehen sich meist anlässlich einer klaren Veränderung der Lebensumstände (zum Beispiel die erste eigene Wohnung). In solchen Veränderungssituationen ist die Chance am größten, die eigenen Ernährungsgewohnheiten nachhaltig zu ändern – zum Guten wie zum Schlechten.

Wenn wir zu schnell essen, kann der Körper uns nicht rechtzeitig zurückmelden, dass er eigentlich satt ist. Auch die Ablenkung durch das Fernsehen führt dazu, dass wir erst mit dem Essen aufhören, wenn der Film oder das Fußballspiel zu Ende sind – Verlängerungen sind daher besonders ungünstig. Auch die Pausenverpflegung nebenbei ist ähnlich problematisch, weil wir unsere Aufmerksamkeit auf ganz andere Dinge lenken. Gerade am Arbeitsplatz muss daher die achtsame Pausenverpflegung kultiviert werden.

Praxistipp: Pausenverpflegung im Kollegium

Die gesunde Pausenverpflegung als Konferenzthema

Sprechen Sie das Thema Pausenverpflegung in der Lehrerkonferenz ruhig einmal an. Gerade in kleineren Kollegien kann es gelingen, für einen gesunden Schulalltag regelmäßig eine Obst- und Gemüseschale zu organisieren. Die wechselnde Zuständigkeit für diese Aufgabe ist unverzichtbar. Wenn sie den ersten Aufschlag aber selbst auf den Weg bringen, überzeugen sie meistens. Werfen Sie also zu dem Konferenzthema eine Runde Obst und Gemüse – dieses kleine Geschenk erzeugt auch heimlich etwas sozialen Druck bei den Kollegen (alter Verkäufertrick).

In der Praxis ist es wichtig, die Äpfel, Gurken und Paprikas verzehrfertig zu zerlegen. Dann ist die Obstschale leer und Kekse und Schokolade bleiben liegen.

Urlaub und Erholung

Die Erholung in der Freizeit ist unverzichtbar, um die Belastungen des Arbeitsalltages zu kompensieren. Sie gelingt aber nur, wenn die Erholungsphasen ganz anders als die Arbeit gestaltet werden. Eine erholsame Auszeit, auch ein längerer Urlaub, beginnt mit einer Distanzierungsphase, in der die Spannung heruntergefahren wird. Die bewusste Entschleunigung ist hierfür viel besser geeignet als die hektische Abreise. Erst danach setzt eine wirkliche Regenerationsphase ein, die natürlich ausreichend lang sein sollte. Das Ausblenden der Alltagsprobleme in der Schule ist ein guter Gradmesser dafür, wie weit die Erholung schon fortgeschritten ist. Auch die Rückkehr in die Schule soll mit kontrollierter Geschwindigkeit erfolgen. Diese dritte Phase, die Aufwärmphase, dient dazu, die positive Urlaubsstimmung und die Erholungswirkung in den Schulalltag hineinzutragen.

Die Erholungsfähigkeit ist zudem durch die ständige Erreichbarkeit bedroht. Das Ausschalten des Smartphones ist daher oft schon der erste Schritt in die wirkliche Erholung. Die Erkenntnis „Ohne mich geht es auch“ kann dann sehr entspannend sein.

Reflexionsübung: Der ideale Urlaub

Beschreiben Sie mit fünf Stichworten Ihren idealen Urlaub.

Hinweise zur Auswertung finden Sie auf Seite 94.

Praxisübung: Dehnung

Bei einseitigen Körperhaltungen (zum Beispiel bei längerem Sitzen) verkürzt sich die Muskulatur. Deshalb sind regelmäßige Dehnungsübungen sehr entlastend. Hier einige einfache Beispiele zum sofortigen Ausprobieren:

1. Nehmen Sie eine aufrechte Sitzposition ein und strecken Sie die Arme seitlich aus. Spreizen Sie dabei die Finger und führen Sie nun die Hände weiter nach hinten, bis Sie eine Spannung in den Unterarmen spüren. Halten Sie die Spannung etwa zehn Sekunden und lösen Sie dann die Spannung langsam auf.

2. Stützen Sie sich auf einem Tisch ab und gehen Sie in eine leichte Schrittstellung. Stehen Sie mit beiden Füßen ganz auf dem Boden. Beugen Sie nun das vordere Bein, bis in der Wade des hinteren Beines eine Dehnung zu spüren ist. Halten Sie die Spannung etwa zehn Sekunden und lösen Sie dann die Spannung langsam auf.

3. Nehmen Sie wieder eine aufrechte Sitzposition ein und legen Sie die Fingerspitzen auf Ihre Schultern. Drücken Sie nun die Ellenbogen nach hinten, ohne dass die Fingerspitzen den Kontakt zur Schulter verlieren. Halten Sie die Spannung etwa zehn Sekunden und lösen Sie dann die Spannung langsam auf.

6. Innere Balance

Die innere Balance ist vielfältig bedroht und muss täglich neu erkämpft werden. Dafür müssen Misserfolge bewältigt und das Selbstwertgefühl gestärkt werden. Wir stehen unter Leistungsdruck und erkennen, dass wir innere Widersprüche in uns tragen. Und es müssen immer wieder neu Entscheidungen getroffen und umgesetzt werden.

Misserfolgsstabilität

Resiliente Menschen machen Fehler und profitieren davon. Sie entwickeln sich nach der Methode „Versuch und Irrtum". Sie lernen aus ihren Fehlern mehr als aus ihren Erfolgen. Daher stehen sie zu ihren Fehlern. Das schafft ganz nebenbei eine viel größere soziale Akzeptanz, als die eigenen Fehler unter den Teppich zu kehren. Wer findet schon Menschen sympathisch, die nie einen Fehler einräumen?

Misserfolge sind keine persönlichen Niederlagen. Erst die Frage, was andere Menschen von mir denken werden oder vielleicht auch erwartet haben, macht Misserfolge zu einem Problem. Dabei gibt es in den meisten Fällen eine zweite Chance – und in den allermeisten Fällen wird diese zweite Chance auch genutzt.

Auch für Teams und Lehrerkollegien ist es wichtig, konstruktiv und lösungsorientiert mit Fehlern umzugehen. Eine positive Fehlerkultur heißt, die Ursachen und nicht die Schuldigen zu suchen und unbefangen über Fehler sprechen zu können.

Reflexionsübung: Fehler

Wie reagieren Sie in Situationen, in denen Sie nicht das leisten können, was andere von Ihnen erwarten? Schreiben Sie auf!

....

....

....

....

....

....

....

....

....

....

....

....

....

....

....

Hinweise zur Auswertung finden Sie auf Seite 94.

Stichwort: Inneres Team

Jeder Mensch hat ein inneres Team, das sich vielstimmig äußert. Die Kunst besteht darin, auf die einzelnen Stimmen immer wieder einzugehen und nach außen zu einer „abgestimmten“ Entscheidung zu kommen. Das innere Team möchte geführt werden. Es sind Konflikte zu lösen und Potenziale zu wecken. Das innere Team ist je nach Situation richtig aufzustellen. Und wie jede gute Mannschaft will auch das innere Team weiterentwickelt werden.

Resilienz bedeutet zunächst einmal zu akzeptieren, dass es mehrere Teammitglieder gibt und es bedeutet auch, die eigenen Teammitglieder aktiv kennenlernen zu wollen. Das erleichtert Ordnung und Klärung der eigenen Gedanken und des eigenen Handelns. Auch unerwünschte Regungen aus der Innenwelt können so besser akzeptiert werden. Auf dieser Grundlage gelingt dann eine gute Kooperation mit dem inneren Team.

Typische Mitglieder Ihrer Besatzung können sein:

1. der Bedenkenträger
2. der Misstrauische
3. der Eilige
4. der Hilfsbereite
5. der Solidarische

Literaturtipp

Schulz von Thun, F.: Miteinander reden 3. Das „Innere Team“ und situationsgerechte Kommunikation. Reinbek: Rowohlt-Verlag 1998.

Reflexionsübung: Mein inneres Team

Welche Mitglieder Ihres inneren Teams melden sich bei Ihnen besonders häufig zu Wort? Und was sagen sie Ihnen?

Hinweise zur Auswertung finden Sie auf Seite 95.

Entscheidungsfähigkeit

Das moderne Leben fordert von uns, ständig Entscheidungen zu treffen. Die stark gewachsenen Handlungsspielräume und Konsumalternativen machen die Entscheidungsfindung nicht leichter. Die Dinge aufzuschieben, ist eine häufige, aber eher ungünstige Lösung. Ohne Entscheidungen kommen wir mit Problemlösungen nicht voran. Manche Probleme lösen sich von selbst, andere Probleme werden allerdings immer größer, wenn sie nicht angegangen werden. Oder andere lösen das Problem, dann aber meist zum eigenen Vorteil.

Im Entscheidungsverhalten gibt es unterschiedliche Typen. Es gibt Menschen, die sich lange mit Planungsaktivitäten aufhalten, ohne wirklich eine Entscheidung zu treffen. Es gibt auch Menschen, die lange und intensiv über die Folgen einer Entscheidung nachdenken. Und es gibt Menschen, die sich nach einer angemessenen Entscheidungsvorbereitung und in Kenntnis der Unsicherheiten einfach entscheiden. Beim Entscheidungsverhalten mischen die Mitglieder des inneren Teams kräftig mit.

Es gibt einige wenige rationale Aufschubgründe, zum Beispiel Zeitmangel oder unüberschaubare Entscheidungsalternativen. Die meisten Aufschubgründe sind aber eher irrational. Wenn Sie die folgenden drei Fragen mit „Nein“ beantworten können, dann ist eine sofortige Entscheidung sinnvoll:

1. Gewinne ich noch zusätzliche Informationen, wenn ich meine Entscheidung aufschiebe?

2. Verbessert sich meine Lage, wenn ich erst später entscheide?

3. Kann ich die Aufgabe zu einem späteren Zeitpunkt leichter oder schneller erledigen?

Praxisübung: Augenentspannung

Nun haben Sie sich wieder etwas Entspannung verdient. Bedenken Sie, dass Ihre Augen einmal dafür gemacht wurden, den Horizont nach Beutetieren abzusuchen. Der ständige Blick auf den Bildschirm, um kleine Schriftzeichen voneinander zu unterscheiden, war nie vorgesehen und strengt das Auge enorm an. Der Blick in die Weite ist dagegen der entspannte Normalzustand. Deshalb sollten Sie gerade bei der Bildschirmarbeit regelmäßig aufschauen und zum Beispiel folgende Übung durchführen:

- Streifen Sie mit den Augen über eine gedachte oder wirkliche Linie nach draußen zu einem weit entfernten Punkt (zum Beispiel einem Baum oder einem Haus).
- Fixieren Sie diesen Punkt und halten Sie den Blick einige Sekunden darauf gerichtet.
- Folgen Sie nun mit den Augen anderen gedachten oder wirklichen Linien und richten Sie Ihren Blick auf einzelne Objekte in unterschiedlichen Entfernungen. Fixieren Sie Ihren Blick jeweils einige Sekunden auf einen Punkt.

7. Zuversicht und Realismus

Die eigenen Stärken

Die Bibel berichtet von dem erfolgreichen Kampf des kleinen David gegen den übermächtigen Goliath. Aber wie konnte David den Sieg gegen Goliath davontragen? Er hat sich auf seine eigene Stärke verlassen, nämlich die Fernwirkung seiner Steinschleuder, und damit gegen einen sehr starken Gegner eine durchschlagende Wirkung erzielt.

Viel zu häufig konzentrieren wir uns aber auf unsere Schwächen und fragen uns: „Was kann ich nicht so gut?" In diesen Situationen belasten wir uns mit der Angst, etwas falsch zu machen. Die meisten schwierigen Alltagssituationen haben wir aber so oder so ähnlich schon oft und mit Erfolg gemeistert. Wir müssen uns also nur noch fragen: „Welche Stärken habe ich damals eingesetzt?"

Auch in Ihrer Rolle als Lehrkraft erfahren sie immer wieder, dass die Schüler dann mehr erreichen, wenn sie ihre Stärken gezielt einsetzen. Das Vertrauen auf die Stärken der Schüler hat eine aufbauende Wirkung. Ein Herumreiten auf ihren Schwächen bringt dagegen weder Spaß noch Erfolg.

Bedauerlicherweise gilt es bei uns fast als unanständig, zu viel über die eigenen Stärken zu reden. Schon die Aufforderung „Notieren Sie bitte einmal ihre größten Stärken" führt regelmäßig zu Widerständen. In Gruppensituationen taucht dann die bange Frage auf: „Muss ich das dann hinterher auch noch vorlesen?" Daher ist die folgende Reflexionsübung etwas unverfänglicher gestaltet.

Literaturtipp
Gladwell, M.: David und Goliath. Die Kunst, Übermächtige zu bezwingen. München: Piper 2015.

Reflexionsübung: Meine Stärken

Gestalten Sie Ihr eigenes Wappen. Zeichnen Sie mit bunten Stiften Ihr persönliches Wappen auf diese freie Seite. Es sollte Ihre wichtigsten Stärken und Vorlieben widerspiegeln – lassen Sie Ihrer Fantasie freien Lauf!

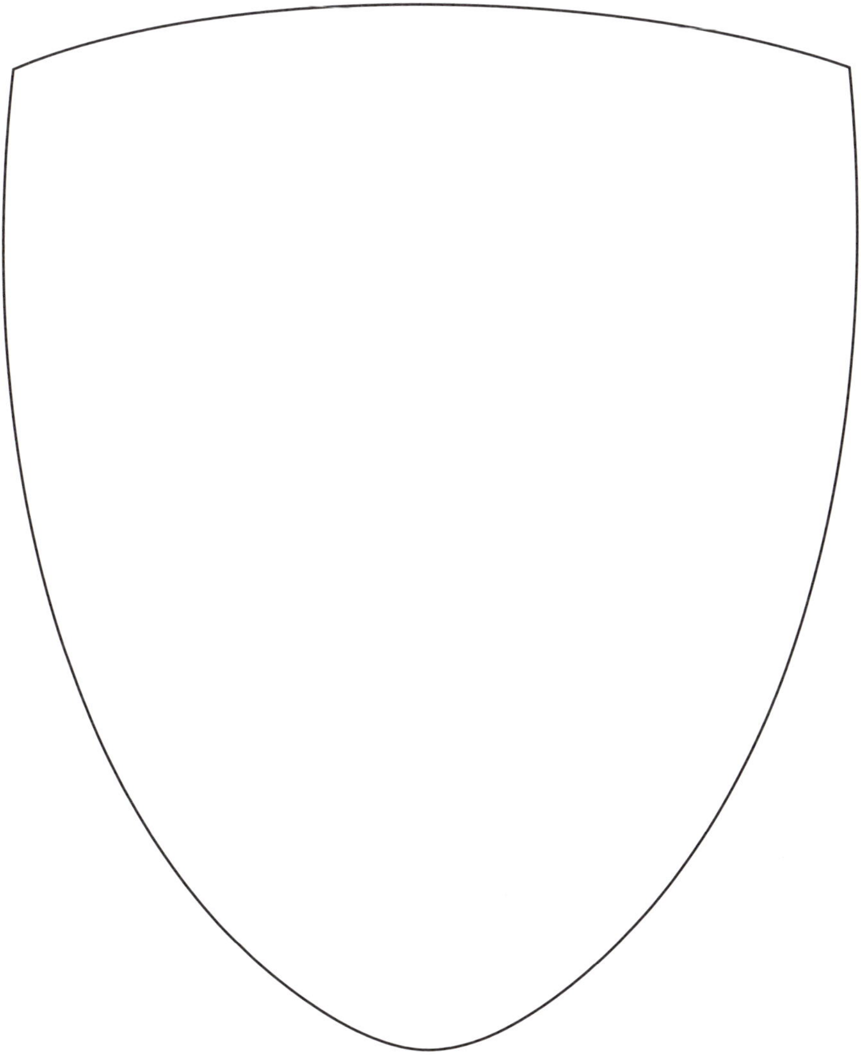

Hinweise zur Auswertung Ihrer Zeichnung finden Sie auf Seite 95.

Stichwort: Optimismus

Der Mensch als Kind der Steinzeit musste, historisch betrachtet, immer davon ausgehen, dass ihm gerade ein gefährliches Raubtier auflauerte. Das Rascheln im Gebüsch war zwar meistens ein Kaninchen, trotzdem konnte es ein tödlicher Fehler sein, sich darauf zu verlassen. In diesem Sinne konnten unsere Vorfahren als Pessimisten viel besser überleben und wahrscheinlich sind die Optimisten in der Steinzeit ausgestorben, weil Sie sich zu oft gesagt haben: „Das ist ja nur ein Kaninchen."

Die Gefahrenlage ist heute viel entspannter. Es gibt weniger böse Überraschungen als früher und nur selten gelingt es uns, durch eine pessimistische Grundhaltung einer Gefahr am Arbeitsplatz auszuweichen. Im Gegenteil: Eigentlich wissen wir, dass sich der Schulalltag mit einer Portion Optimismus viel besser anfühlt. Trotzdem tun wir uns mit dem Optimismus schwer – obwohl uns eine zuversichtliche Haltung mehr Glück und Gesundheit bietet. Im Grunde genommen müssen wir den Optimismus neu erlernen.

Optimismus ist nicht besser oder schlechter als Pessimismus. Er fühlt sich aber viel freundlicher an – und ist gesünder. Letztlich gibt es auch viel mehr gute als schlechte Erfahrungen im Leben. Es geht vor allem darum, welche Erfahrungen wir uns merken und welche wir schnell wieder vergessen.

Auch wenn es hin und wieder wichtig ist, sich schlechte Erfahrungen zu merken (zum Beispiel, dass der Herd heiß sein kann oder dass zu viel Alkohol zu Kopfschmerzen am nächsten Morgen führt), so ist es nicht weniger wichtig, auch Freude, Stolz und Zuneigung im Gedächtnis zu behalten. Das Speichern der schlechten Erfahrungen schützt uns in manchen Situationen – mit den guten Erfahrungen lösen wir aber die meisten Probleme. Dabei zeigt sich auch immer wieder, dass die meisten Dinge ein gutes Ende nehmen.

Reflexionsübung: Meine Zukunft

Beantworten Sie diese Fragen für sich!

Worüber machen Sie sich am meisten Sorgen?

....

....

....

....

....

....

....

Was erwarten Sie Positives von Ihrer Zukunft?

....

....

....

....

....

....

....

Hinweise zur Auswertung finden Sie auf Seite 95.

Praxisübung: Durchblutung

Beim einseitigen Sitzen oder Stehen sinkt das Blut durch die Schwerkraft nach unten in die Beine. Durch die Venenpumpe gelingt es schnell, die Durchblutung wieder anzuregen und auch das Gehirn wieder besser mit Sauerstoff zu versorgen.

Hinweis: Für diese Übung sind hohe Absätze ungeeignet.

Und so funktioniert sie:

Stellen Sie sich aufrecht hin und strecken Sie den Körper, bis Sie auf den Zehenspitzen stehen. Falls Sie das Gleichgewicht nicht sicher halten können, stützen Sie sich an einem Tisch oder Stuhl etwas ab. Rollen Sie nun langsam wieder auf dem Fuß ab, bis die Ferse den Boden berührt. Heben Sie dann den Fußballen an, bis das Gewicht auf der Ferse liegt. Bewegen Sie sich nun in die Ausgangsposition zurück. Wiederholen Sie diese Übung etwa 20- bis 30-mal.

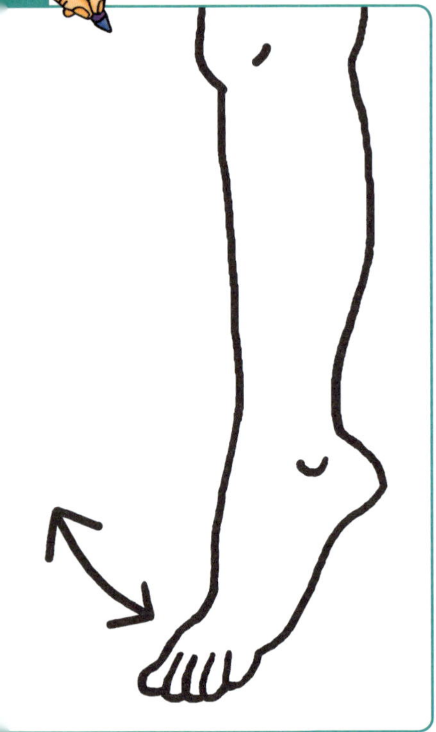

8. Zukunft und Perspektive

Langfristiges Denken

Die Menschen der Steinzeit wurden nicht alt. Die wichtigste Perspektive bestand darin, auch den nächsten Tag zu überleben. Langfristige Überlegungen zur Gesundheit oder Resilienz waren unter diesen Lebensbedingungen nicht wichtig.

Je länger die Menschen jedoch leben, desto mehr interessieren sie sich auch für ihre körperliche und psychische Gesundheit und dafür, gesund älter zu werden. Unser Wohlstand sorgt dafür, dass wir eine sehr langfristige Perspektive auf unser Leben gewinnen können. Resilienz bedeutet auch, solche langfristigen Ziele für sich zu formulieren und nicht aus den Augen zu verlieren. Hilfreich ist es, immer wieder mit anderen Menschen über diese langfristigen Ziele zu sprechen, dann bleiben sie besser im Blick und es entsteht ein sanfter sozialer Druck.

Gerade beim Gesundheitsverhalten besteht ein großes Problem darin, dass wir die Rechnung für unser heutiges Verhalten erst in der Zukunft zahlen müssen. Würden Bewegungsmangel, Fehlernährung, Dauerstress und Rauchen sofort Beschwerden verursachen, dann fiele uns ein gesundheitsgerechtes und resilientes Verhalten sehr viel leichter. Dadurch, dass der Körper erst Jahre später mit Schmerzen und Leistungseinschränkungen reagiert, verlieren wir viel Zeit – obwohl absehbar ist, was auf uns zukommt.

Reflexionsübung: Ziele

Beantworten Sie diese Fragen für sich selbst!

Welches sind Ihre drei wichtigsten langfristigen Ziele?

....

....

....

....

....

....

....

Was tun Sie in Ihrem Alltag dafür, um diese Ziele zu erreichen?

....

....

....

....

....

....

....

Hinweise zur Auswertung finden Sie auf Seite 96.

Prioritäten setzen

Prioritäten sind immer dann erforderlich, wenn die Ressourcen knapp sind. Jede Arbeitsstunde kann nur einmal eingesetzt und dann auch nicht mehr für Privates verwendet werden. Insofern ist das Setzen einer Priorität immer auch der Verzicht auf etwas anderes.

Zu einer resilienten Haltung gehört daher, die eigene Zeit konsequent zu managen. Mit einem „Nein“ im richtigen Moment kann natürlich viel Zeit gespart werden. Aber auch bei der Organisation der täglichen Arbeitsaufgaben sind klare Prioritäten eine große Hilfe. Das praktische Problem besteht in der Regel darin, dass für die einzelnen Tätigkeiten viel zu wenig Zeit eingeplant wird. Dadurch nehmen sich die Menschen immer wieder zu viel vor.

Gerade der Schulalltag vermittelt den Eindruck, dass es besonders viele dringende, ja unaufschiebbare Dinge gibt. In solchen Situationen ist die Versuchung groß, die wichtigen Aufgaben auf einen späteren Zeitpunkt zu verschieben. Das gilt oft auch für die wichtigen Gespräche. Klärungsprozesse werden dadurch versäumt und immer schwieriger. Es bleibt keine Zeit, um in gute Beziehungen am Arbeitsplatz und in eine gute Zusammenarbeit im Kollegium zu investieren.

Letztlich gilt es hier, sich immer wieder gegen die dringenden Anforderungen zur Wehr zu setzen und auch den Begriff „unaufschiebbar“ viel strenger zu definieren.

Reflexionsübung: Prioritäten

Wofür würden Sie gerne weniger Zeit und wofür würden Sie gerne mehr Zeit aufwenden? Notieren Sie jeweils drei Punkte!

Dafür würde ich gerne weniger Zeit aufwenden:

....

....

....

....

....

....

....

Dafür würde ich gerne mehr Zeit aufwenden:

....

....

....

....

....

....

....

Hinweise zur Auswertung finden Sie auf Seite 96.

Lösungsorientierung

Häufig verbringen wir viel Zeit damit, ein Problem ausführlich zu beschreiben. Eine grobe Skizze reicht allerdings meistens, um das Problem zu verstehen. Im Sinne der Resilienz ist es daher besser, die Zeit mehr in die Ideenfindung und weniger in die Analyse von Ursachen und Hemmnissen zu investieren. Bei den Ideen gilt: breit denken und alles in Frage stellen. Gehen Sie kreativ und flexibel an die Problemlösungen heran. Wenn Sie sich ein neues Auto kaufen möchten und sich nicht entscheiden können, dann schrecken Sie auch nicht vor der Frage zurück: „Brauche ich überhaupt ein neues Auto?“

Bleiben Sie entspannt, wenn Ihre Problemlösung nicht allen gefällt – Hauptsache, sie gefällt Ihnen. Bei der Umsetzung sollten Sie sich dann nicht mehr zu sehr mit möglichen Handlungsfolgen belasten, denn über die haben Sie ja schon ausreichend nachgedacht. Entwickeln Sie auch rechtzeitig einen Plan B, wenn sich der erste Problemlösungsversuch als nicht machbar oder nicht sinnvoll herausstellt.

Tauschen Sie sich mit anderen Menschen lösungsorientiert über Ihre Probleme aus und beziehen Sie andere in Ihren Problemlösungsprozess mit ein. Es ist nicht schlimm, wenn die beste Idee von jemand anderem kommt!

Praxisübung: Entspannung

Bevor Sie die Zielgerade dieses Buches erreichen, sollten Sie sich noch einmal ganz bewusst entspannen. Nehmen Sie also eine ganz lockere und bequeme Sitzposition ein. Halten Sie das Gleichgewicht und legen Sie die Handgelenke auf die Oberschenkel.

Schließen Sie nun die Augen und blenden Sie die Geräusche, die von außen auf sie eindringen, aus. Genießen Sie das Gefühl der Stille. Dann sprechen Sie zu sich: „Ich bin ganz ruhig.“ Wiederholen Sie diesen Satz insgesamt sechsmal in einem größeren Abstand.

Atmen Sie danach betont tief ein, schlagen die Augen auf und atmen kräftig aus. Nehmen Sie das Gefühl der Entspannung in Ihrem Körper wahr.

Schlusswort: Wissen und Verhalten

Wir wissen enorm viel über Gesundheit. Wir finden Gesundheit gut und wichtig. Es fällt uns allerdings enorm schwer, dieses große Wissen und auch die guten Vorsätze in konkretes Gesundheitsverhalten umzusetzen. Das trifft auf die körperliche Gesundheit und mehr noch auf die psychische Gesundheit zu. Appelle und Kampagnen helfen wenig.

Gesundheitserziehung funktioniert erst recht nicht, denn wir wollen nicht erzogen werden. In den letzten 150 Jahren hat sich einzig das Zähneputzen durch Methoden der Gesundheitserziehung durchgesetzt. Das dürfte auch damit zusammenhängen, dass Zahnschmerzen eine schnelle und sehr unangenehme Folge nachlässigen Verhaltens sind.

Bei Fehlernährung und Bewegungsmangel sind wir dagegen oft resistent gegen gute Ratschläge. Und bei der Stressprävention wird es ganz schwierig: Die Sachzwänge des Alltags vermitteln den Eindruck, dass wir ohne intensives Stressempfinden unsere Arbeit gar nicht schaffen können.

Wir verbrauchen damit im Grunde die Gesundheitsressourcen der Zukunft. Eine langfristige Erkrankung benötigt viel mehr Zeitaufwand, als wir in rechtzeitige Stressprävention investieren müssten. Allerdings leben wir mit der Überzeugung, dass besonders die psychischen Erkrankungen vor allem die anderen treffen.

Ein wirkungsvolles Gesundheitsverhalten gelingt nur mit Konsequenz: Setzen Sie sich klare Ziele und setzen Sie diese klaren Ziele in kleinen Schritten um. Wenn Sie offen darüber reden oder sogar das veränderte Gesundheitsverhalten gemeinsam mit anderen beginnen, steigt die Erfolgswahrscheinlichkeit an.

Ich wünsche Ihnen viel Erfolg und einen gesunden Schulalltag!

Reflexionsübung: Die Zukunft

Woran werden Ihre Kollegen merken, dass Sie dieses Buch gelesen haben? Notieren Sie drei Punkte.

Auswertungshinweise zu den Übungen

Reflexionsübung: Zeichnen Sie den Begriff „Stress“!

Grundsätzlich neigen wir dazu, zu viel in Text und zu wenig in Bildern zu denken. Daher hilft es häufig, sich bestimmte Dinge einfach einmal ganz spontan aufzuzeichnen. Achten Sie bei Ihrer Zeichnung zu dem Begriff „Stress“ vor allem auf folgende Aspekte:

- Welche Symbole haben Sie verwendet? Haben Sie überwiegend positive Symbole (Sonne, Smileys usw.) oder überwiegend negative Symbole (dunkle Wolken, Blitze) gezeichnet?
- Welche Farben haben Sie eingesetzt? Überwiegen bei Ihnen orange und rote Signalfarben oder verbinden Sie Stress auch mit ruhigeren Farben wie dunklem Grün oder Blau?
- Welche Sinne werden in Ihrem Bild angesprochen? Haben Sie vor allem visuelle Reize zum Ausdruck gebracht oder verbinden Sie Stress eher mit akustischen Sinneswahrnehmungen? (Kurz gefragt: Haben Sie zum Beispiel ein Gesicht mit knallroten Ohren gemalt?)

Diskutieren Sie Ihre Zeichnung auch mit Ihrem Partner, Ihren Freunden oder interessierten Kollegen. Vielleicht werden auch diese angeregt, ihre Gedanken dazu als Zeichnung auf das Papier zu bringen.

Reflexionsübung: Ich gerate in Stress, wenn ...

Gehen Sie diese typischen Situationen noch einmal durch: Nun entscheiden Sie sich dafür, welche dieser Situationen Sie das nächste Mal anders gestalten möchten. Nehmen Sie sich zunächst genau eine Situation vor und behalten Sie dieses Veränderungsziel klar im Auge.

Hinweis: Grundsätzlich sind fast alle dieser typischen Situationen (immer wiederkehrende Konflikte, langweilige Lehrerkonferenzen, das ständige Suchen auf dem unordentlichen Schreibtisch) veränderbar, fraglich ist nur, welchen Preis Sie für diese Veränderung zahlen müssen und ob Sie das auch möchten.

Reflexionsübungen: Woran merken Sie bei sich selbst, dass Sie gestresst sind? Woran merken Sie bei anderen Menschen, dass diese gestresst sind?

Die körperlichen und psychischen Auswirkungen von überhöhten Stressbelastungen können sehr unterschiedlich sein (siehe Seite 18). Spannend ist in diesem Zusammenhang allerdings, dass die Menschen diese Wirkungen bei sich selbst und bei anderen sehr unterschiedlich wahrnehmen. Die eigenen Stressbelastungen werden eher über sehr vielfältige Beschwerden erlebt.

Den Stress der anderen erleben wir in erster Linie durch das veränderte Verhalten, zum Beispiel Unruhe und Angriffslust. Eine besondere Rolle spielen das Sprechen und die Stimme: Unter Stressbelastungen erhöht sich die Atemfrequenz und dadurch auch die Sprechgeschwindigkeit (achten Sie nur einmal auf Ihre Schüler, wenn diese ihr erstes Referat vor der Klasse halten). Aber auch die Stimmfrequenz steigt an und allein dadurch wirkt das Sprechen aufgeregt.

Reflexionsübung: Welche sprachlichen Metaphern fallen Ihnen zu Stress und Belastung ein?

Unsere Sprache ist reich an Bildern, in denen sich die körperlichen und psychischen Reaktionen auf überhöhte Stressbelastungen widerspiegeln. Viele dieser Bilder weisen auf ganz typische Erscheinungen hin. Sätze wie „Da stockt mir der Atem“ oder „Da bleibt mir die Luft weg“ zeichnen klare Bilder mit Bezug zur Atmung. Aber auch in dem Satz „Etwas in sich hineinfressen“ finden sich manche Menschen schnell wieder, weil es unter Stress auch immer wieder zu Entgleisungen des Ernährungsverhaltens kommt.

Schauen Sie sich Ihre eigenen Metaphern genau an und achten Sie darauf, welche körperlichen und psychischen Reaktionen sie beschreiben. Das könnte viel damit zu tun haben, welche Reaktionen Sie selbst zeigen und welche Erfahrungen Sie selbst gemacht haben.

Reflexionsübung: Was tun Sie, wenn Sie dauerhaft gestresst sind?

Kennzeichnen Sie Ihre Antworten mit ☺ oder ☹, je nachdem ob es sich um physiologisch sinnvolle oder um gesundheitsriskante Reaktionen handelt. Falls Sie nicht selbst eine unmittelbare Einschätzung dazu haben, erhalten Sie die notwendigen Informationen in dem folgenden Abschnitt „Stichwort Stressbewältigung“.

Reflexionsübung: Zeichnen Sie den Begriff „Konflikt“!

Hier gelten ähnliche Hinweise wie bei der Reflexionsübung 1: Achten Sie bei Ihrer Zeichnung zu dem Begriff „Konflikt“ vor allem auf folgende Aspekte:

- Welche Symbole haben Sie verwendet? Haben Sie überwiegend positive Symbole oder überwiegend negative Symbole gezeichnet?
- Welche Farben haben Sie eingesetzt? Überwiegen bei Ihnen orange und rote Signalfarben oder verbinden Sie „Konflikt“ auch mit ruhigeren Farben wie dunklem Grün oder Blau?
- Welche Gefühle werden in Ihrem Bild angesprochen? Kommt eher Bedrohliches (zum Beispiel Symbole für Aggression) zum Ausdruck oder sind auch Perspektiven (Konsenssymbole) zu erkennen?

Diskutieren Sie auch diese Zeichnung mit Ihrem Partner, Ihren Freunden oder interessierten Kollegen.

Praxisübung: Der Wasserglasfall

Auch hier gibt es natürlich keine falschen und richtigen Lösungen, aber manche sind zielführender als andere. Die Aspekte Schuld und Strafe bedienen zwar vordergründig den Gerechtigkeitssinn, helfen für die weitere Zusammenarbeit aber wenig. Die Diskussion wird häufig auch von eigenen Erfahrungen und Wertvorstellungen beeinflusst und es kann spannend werden, wenn diese Punkte einmal auf den Tisch kommen. In der Auswertung sind unter anderem folgende Fragen hilfreich:

- Wie würde das Kollegium auf eine solche Störung eingehen?
- Wie würde es dem Kollegium gelingen, seine Arbeitsfähigkeit wiederherzustellen und vielleicht sogar zu verbessern?
- Wie könnten Horst-Herbert und Fridolin aus Sicht des Kollegiums wieder kooperationsfähig werden?

Reflexionsübung: Erinnern und notieren Sie drei berufliche Situationen, in denen Sie selbst soziale Unterstützung in Ihrem Team oder Kollegium erhalten haben.

Auch im Falle der sozialen Unterstützung gilt: Wir merken uns die negativen Erlebnisse besser als die positiven. Daher die Bitte, sich einmal ganz konkret die Situationen vor Augen zu führen, in denen Sie an Ihrer Schule von anderen soziale Unterstützung erhalten haben – und auf diese Situationen mit Wertschätzung zurückzublicken. Es wird Ihnen auch in Zukunft guttun, soziale Unterstützung am Arbeitsplatz (und im Privatleben) ganz bewusst wahrzunehmen und zu schätzen. Selbst soziale Unterstützung zu geben, ist die beste Gewähr dafür, auch in Zukunft immer wieder Unterstützung zu erfahren.

Reflexionsübung: Was ist positiv an Ihrer Arbeitssituation? Welches sind die größten Belastungen an Ihrem Arbeitsplatz? Was würden Sie in Ihrer Schule gerne verändern?

Die erste Frage nach den positiven Aspekten der Arbeit rückt im Schulalltag häufig in den Hintergrund. Wenn Ihnen dazu allerdings gar keine Antwort einfällt, dann sollten Sie sich fragen, warum Sie sich die Schule jeden Tag antun. Den meisten Menschen fallen aber nach einer kurzen Phase des Nachdenkens doch sehr schnell sehr viele Antworten dazu ein.

Die Beantwortung der zweiten Frage, also nach den größten Belastungen, fällt häufig überraschend leicht. Das macht nichts, denn diese Frage bereitet den Blick auf den Veränderungsbedarf vor.

Die dritte Frage ist natürlich die wichtigste: Häufig sind sich Teams und Kollegien sehr einig darüber, was sich in ihrer Schule alles ändern müsste. Die wirklich spannende Frage ist dann, warum es nicht geschieht, wenn es alle wollen? Wie bei so vielen Dingen geht es hier um den ersten Schritt. Nehmen Sie also einen Textmarker und markieren Sie Ihren wichtigsten Veränderungswunsch mit einer Signalfarbe und fangen so schnell wie möglich an, ihn umzusetzen!

Reflexionsübung: Was würden Sie arbeiten, wenn Sie auf Ihr Einkommen nicht angewiesen wären?

Diese Frage hat einen sehr grundsätzlichen Charakter. Ihre Antworten geben Ihnen Hinweise darauf, wie zufrieden Sie mit Ihrer derzeitigen Arbeitssituation sind. Ist Ihr Problem eher das Arbeitsvolumen („Ich würde das Gleiche machen, nur mit einem geringeren Umfang“) oder können Sie sich auch eine grundsätzlich andere Tätigkeit vorstellen?

Reflexionsübung: Gestalten Sie eine Zeichnung, in deren Mittelpunkt die Aussage „Nein!“ steht!

Achten Sie bei dieser Zeichnung vor allem darauf, wie kraftvoll und entschlossen Sie sich ausgedrückt haben. Ist der Gesamteindruck eindeutig oder haben Sie die entscheidenden Details lieber unscharf und vorsichtig gezeichnet?

Reflexionsübung: Zeichnen Sie den Begriff „Gesundheit“!

Hier gelten ähnliche Hinweise wie bei den Begriffen „Stress“ und „Konflikt“: Achten Sie bei Ihrer Zeichnung zu dem Begriff „Gesundheit“ vor allem darauf, welche Symbole Sie verwendet haben.

- Haben Sie wirklich Gesundheit gezeichnet oder eher die Abwesenheit von Krankheiten?
- Stehen für Sie eher Symbole der körperlichen (zum Beispiel sportliche Bewegungssituationen), der psychischen (eine Sonne oder andere Symbole für gute Stimmung) oder der sozialen Gesundheit (andere Menschen) im Vordergrund?

Reflexionsübung: Was hält Sie gesund?

Hier entdecken Sie Ihre wichtigsten Gesundheitsressourcen. Diese können ganz unterschiedlich aussehen, sind aber alle enorm wichtig. Entscheidend ist, dass diese Gesundheitsressourcen auch in Zukunft eine hohe Priorität in Ihrem Alltag erhalten.

Reflexionsübung: Wann hat Ihnen Bewegung schon einmal richtig Spaß gemacht? Was muss geschehen, damit Sie das Thema gut finden? Welche Ziele könnten Sie mit mehr Bewegung im Alltag erreichen?

Das Bewegungsverhalten hat viel mit den eigenen Erfahrungen, den Einstellungen und der Motivation zu tun. Diese drei Punkte hindern oder beflügeln uns bei der Bewegung im Alltag.

Negative Erfahrungen, manchmal noch aus dem eigenen Schulsport, merken wir uns lange. Aber jeder Mensch hat mit Bewegung auch positive Erfahrungen gemacht. Die Erinnerung an diese positiven Erfahrungen hilft, den nächsten Schritt zu gehen: eine grundsätzlich positive Einstellung zur körperlichen Bewegung zu erlangen. Darauf baut dann die Frage auf: „Was kann ich mit der Bewegung erreichen?" Gesundheitliche Motive allein reichen meist nicht aus, Bewegung muss auch Spaß machen und als positiver Freizeitwert erlebt werden. Schauen Sie sich nun Ihre drei Antworten noch einmal an und nehmen Sie sich eine Bewegungsaktivität vor, aber nur dann, wenn Sie sich vorstellen können, dass es Ihnen Spaß macht.

Reflexionsübung: Beschreiben Sie mit fünf Stichworten Ihren idealen Urlaub.

Vergleichen Sie Ihre Antworten damit, wie Sie Ihren letzten Urlaub tatsächlich verbracht haben. Wie viele Stichpunkte haben Sie realisiert? Und was müssten Sie verändern, um sich in Ihrem nächsten Urlaub noch besser zu erholen?

Reflexionsübung: Wie reagieren Sie in Situationen, in denen Sie nicht das leisten können, was andere von Ihnen erwarten?

Die offenen oder verdeckten Erwartungen anderer Menschen steuern in hohem Maße unsere Handlungen und Gefühle. Dabei kann es natürlich nie gelingen, es allen Menschen recht zu machen. Manchmal werden wir auch ein wenig manipuliert. Der Satz „Ich hätte aber gedacht, dass ...“ drückt eine leichte Enttäuschung aus und vermittelt den Hauch eines schlechten Gewissens. Prüfen Sie genau, wie Sie mit solchen Situationen umgehen und ob es Menschen gibt, die durch die geschickte Kommunikation von Erwartungen von Ihnen immer wieder das bekommen, was Sie möchten.

Reflexionsübung: Welche Mitglieder Ihres inneren Teams melden sich bei Ihnen besonders häufig zu Wort?

Diese Frage kann nur eine erste Reflexion für den Einstieg sein. Spannend wird es, wenn Sie einzelne Situationen bearbeiten, in denen Sie den Eindruck haben, dass unterschiedliche Stimmen in Ihnen aktiv werden. Es lohnt sich, in schwierigen Lagen immer mal wieder die Teammitglieder zu benennen, die sich gerade äußern, sich äußern möchten oder die gar nicht zu Wort kommen.

Reflexionsübung: Gestalten Sie Ihr eigenes Wappen!

Die Aufgabenstellung führt dazu, dass Sie sich für Ihre wichtigsten Stärken und Vorlieben entscheiden müssen. Schauen Sie sich das Ergebnis nun noch einmal genau an und fragen sich: „Wie sehr finde ich mich selbst in diesen Wappen wieder?“ Nehmen Sie sich vor, die hier aufgezeichneten Stärken in Zukunft ganz gezielt und mit Freude einzusetzen.

Reflexionsübung: Worüber machen Sie sich am meisten Sorgen? Was erwarten Sie Positives von Ihrer Zukunft?

Stellen Sie sich nun zu beiden Antworten zwei weitere Fragen:

- Wie realistisch ist es, dass die hier niedergeschriebenen Ereignisse eintreten?

und

- Was können Sie dafür oder dagegen tun, dass es so kommt, wie Sie befürchten oder erhoffen?

Auch wenn wir immer wieder von schicksalhaften Ereignissen getroffen werden, lohnt es sich doch, an den positiven Visionen weiterzuarbeiten. Erfahrungsgemäß erreichen die Menschen langfristig die allermeisten Ziele, die sie sich vornehmen.

Reflexionsübung: Welches sind Ihre drei wichtigsten langfristigen Ziele? Was tun Sie in Ihrem Alltag dafür, um diese Ziele zu erreichen?

Wenn Ihnen die Antwort auf die erste Frage sehr leichtfällt und schnell gelingt, dann haben Sie eine gute Basis für die langfristige Perspektiven. Ähnlich verhält es sich mit der zweiten Antwort: Wenn Sie bereits bewusst an Ihren langfristigen Zielen arbeiten, haben Sie starke psychische Gesundheitsressourcen. Falls es Ihnen etwas schwergefallen ist, die Antworten auf beide Fragen zusammenzubringen, dann sollten Sie Ihre langfristigen Ziele fester und häufiger in den Blick nehmen.

Reflexionsübung: Wofür würden Sie gerne weniger Zeit und wofür würden Sie gerne mehr Zeit aufwenden?

Sie ahnen es bereits: Eigentlich ist alles gesagt. Setzen Sie Ihre Antworten ab heute konsequent um, auch wenn Sie dafür Gewohnheiten verändern oder mit Widerständen rechnen müssen.